꿈에 그리던 책을 찾은 기쁨으로

유레카가 떠오르기를 바랍니다.

유레카

Mike Hwang

지음

팝송
영어회화
200

MikLish*
.com

초졸 래퍼의 영어 발음이 좋은 이유는?

쇼미더머니의 래퍼들을 보면 고등학교도 졸업 못한 래퍼들이 종종있다. 그런데 모두들 영어 발음은 꽤 좋다.

래퍼들은 엄청난 속도의 영어 랩을 따라 부르기 위해 수백~수천 번을 듣고 똑같이 흉내내며 따라 부른다. 그렇게 반복하면 자연스럽게 영어의 연음과 강세가 익혀진다. 또한, 본인이 낼 수 있는 소리는 잘 들리기에, 발음이 좋아지면 훨씬 잘 들린다.

내가 처음 미드를 볼 때, 절반은 들리지 않았다. 왜냐면 단어 앞뒤에 오는 내용에 따라, 생략되거나 완전히 다르게 발음되기 때문이다. 그렇기에 원어민에게 그만한 경우의 수를 실제로 들어 봐야 들리게 되는데, 팝송을 통해서도 그런 훈련을 할 수 있다.

책의 장점 **유튜브에 저자 직강 무료강의**(마이크의 문패직직 영어회화 **rb.gy/ttuwi**)가 있다. 팝송의 **핵심 표현을 영어회화로 확장**할 수 있게 구성했다. 다른 책보다 **1.5배 큰 글씨**로 적어서 잘 보인다. **가사 밑에 원곡 발음 그대로 한글 발음**을 적어, 쉽게 따라 부를 수 있다. 모르는 뜻은 **같은 줄의 한글 가사**로 알 수 있다. 각 단락 앞에는 **'시간'**을 표시해서 빠르게 찾을 수 있다. 수록된 단어는 약 2500개로, **일상회화에 필요한 거의 모든 단어**를 익힐 수 있다. 단체 카톡방(**rb.gy/2ettr**)에서 책의 **자료를 제공**하고, 스터디 지원, 질문/상담도 가능하다.

팝송 선별 기준

MBC 라디오에서 145,442명에게 설문 조사로 가장 인기있는 팝송을 뽑았고, 영어가 아닌 노래, 같은 곡의 다른 가수로 중복된 곡을 제외한 204곡을 이 책에 담았다. 다운로드 가능한 6곡을 더해서, 총 210곡인데 17+10+3+180으로 구성했다.

본책 17곡 ⊙ 저작권 허락을 받았으며 책에 전체 가사가 있다. 핵심 부분 빈칸을 받아 쓰며 '듣기'를 훈련하고, 팝송의 핵심 문장을 활용하여 '문법 패턴'을 활용한 영작과 '영어회화 패턴'을 익힐 수 있다. QR코드로 접속하면 무료 강의(2023년 12월부터 올라올 예정), 뮤직비디오와 원어민 MP3 등 다양한 자료가 있다.

추가 10곡 ● 책에 싣지는 못했지만, QR코드로 접속하면 위의 17곡과 같은 구성으로 된 PDF 파일을 받을 수 있다. 4곡은 200위에 있는 곡(4위, 14위, 50위, 153위)이고 6곡(203쪽 참고)은 내 취향을 담고, 빌보드 차트를 분석하여 요즘 노래로 뽑았다.

추가책 3곡 17곡과 같은 구성이며, 저자의 취향을 담았다. 서평을 쓰고 이벤트에 참여하면 우편으로 책을 받을 수 있다.
이벤트 참여주소: **rb.gy/for99**

180곡 저작권을 허락을 받지 못하여, 책에는 '시간별'로 단어 뜻이 있으며, QR코드로 들어가면 전체 가사와 해석, 뮤직비디오가 있다.

20곡의 수준별 분류

한글 가사도 잘 안 들리듯, 팝송의 듣기 수준은 높은 편이다. 빈칸의 노란 세모▶는 많을 수록 어렵다. 5개는 어렵고, 1개는 쉽다. 어렵다면 한글로 적거나, 세모 1~2개만 받아쓰고 3~5개는 쓰지 않아도 좋다.

20곡은 각 장의 시작에 어휘와 문법에 따라 난이도를 표시했다. 어렵다면 **쉬운 곡부터** 익히는 것을 추천한다.

180곡의 수준별 분류

팝송은 중학교 2학년~고등학교1학년 수준이 많다. 다만, 가사도 일종의 '시'이므로, 비유적인 표현이나 어려운 어휘가 나오는 경우도 종종 있다.

180곡은 팝송의 **순위 바로 아래에 별로 난이도가 표시**되어 있다. 어휘와 문법의 난이도를 고려하여 선별하였다. 앞서 소개한 20곡을 먼저 익히고 이 곡들 중에서 원하는 곡부터 익히는 것을 추천한다.

★★ 초등학교 4학년 ~ 중학교 1학년

3 13 **14** 15 19 28 30 31 40 41 47 52 55 61 69 70 75 76 84 119 121 124 135 142 150 159 161 167 188 189 192 194 196

★★★ 중학교 1학년 ~ 중학교 3학년

2 **4** 8 9 11 16 17 20 22 23 24 27 32 35 37 38 42 43 45 46 **50** 53 54 56 57 58 62 65 66 71 72 73 74 77 78 79 80 83 85 87 88 90 92 94 95 97 98 99 100 101 103 106 107 108 111 112 115 118 120 123 126 128 129 130 131 132 133 134 136 137 138 139 140 141 143 144 145 146 147 148 152 154 155 156 160 162 163 164 165 166 169 170 171 174 177 178 179 180 181 182 183 184 185 190 193 197 198 199 200

★★★★ 중학교 3학년 ~ 고등학교 2학년

10 21 25 26 29 33 36 44 48 49 59 63 64 67 68 81 82 91 93 102 105 109 110 113 114 117 122 127 **153** 157 173 175 186 187 191 195

★★★★★ 고등학교 2학년 ~ 성인

12 18 39 96 116 149 158 168

책의 구성

● P.30 영어 가사와 발음　　● P.31 한글 해석과 해설

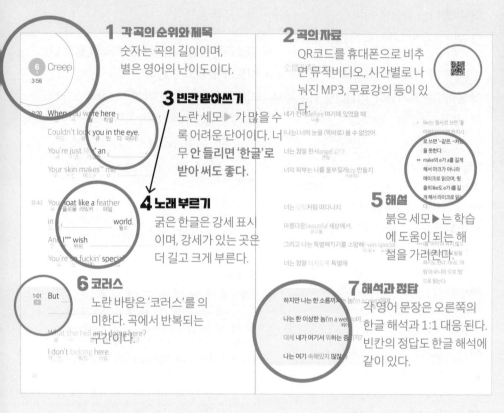

1 각 곡의 순위와 제목
숫자는 곡의 길이이며,
별은 영어의 난이도이다.

3 빈칸 받아쓰기
노란 세모▶ 가 많을수
록 어려운 단어이다. 너
무 안 들리면 '한글'로
받아 써도 좋다.

4 노래 부르기
굵은 한글은 강세 표시
이며, 강세가 있는 곳은
더 길고 크게 부른다.

6 코러스
노란 바탕은 '코러스'를 의
미한다. 곡에서 반복되는
구간이다.

2 곡의 자료
QR코드를 휴대폰으로 비추
면 뮤직비디오, 시간별로 나
눠진 MP3, 무료강의 등이 있
다.

5 해설
붉은 세모▶ 는 학습
에 도움이 되는 해
설을 가리킨다.

7 해석과 정답
각 영어 문장은 오른쪽의
한글 해석과 1:1 대응 된다.
빈칸의 정답도 한글 해석에
같이 있다.

전체 자료
rb.gy/e5k91

유튜브 강의
rb.gy/ttuwi

단체 카톡방
rb.gy/2ettr

● P.36 문법 패턴 ▶ 영작

▶문법패턴이란 문법을 기반으로 익히는
자유롭게 응용가능한 패턴을 말한다.

● P.37 문장패턴 ▶▶ 회화

▶▶문장패턴이란 문장 안에서 일부 단어를 변경하는
제한적으로 응용이 가능한 패턴을 말한다.

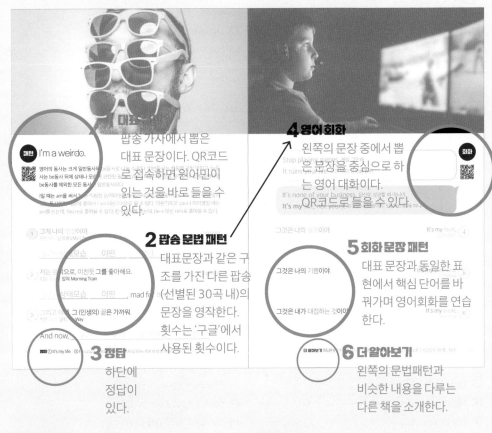

1 대표문장
팝송 가사에서 뽑은
대표 문장이다. QR코드
로 접속하면 원어민이
읽는 것을 바로 들을 수
있다.

2 팝송 문법 패턴
대표문장과 같은 구
조를 가진 다른 팝송
(선별된 30곡 내)의
문장을 영작한다.
횟수는 '구글'에서
사용된 횟수이다.

3 정답
하단에
정답이
있다.

4 영어 회화
왼쪽의 문장 중에서 뽑
은 문장을 중심으로 하
는 영어 대화이다.
QR코드로 들을 수 있다.

5 회화 문장 패턴
대표 문장과 동일한 표
현에서 핵심 단어를 바
꿔가며 영어회화를 연습
한다.

6 더 알아보기
왼쪽의 문법패턴과
비슷한 내용을 다루는
다른 책을 소개한다.

 팝송1-100
rb.gy/qkgz1

 주요 곡 영상
rb.gy/zaamd

 팝송101-200
rb.gy/p94wm

 팝송 추가 17곡
rb.gy/xfw68

서평을 쓰시면
추가 3곡 책을
우편으로 드립니다.

Dancing Queen / Abba

작곡/노래 아바 **국적** 스웨덴 **발표** 1976 **장르** 디스코, 유로팝

댄싱 퀸 / 아바

ABBA / ARRIVAL

THE ABBA REMASTERS

ABBA

비틀즈 다음으로 앨범을 많이 판 전설적인 팝 밴드이다. 70년 대에 스웨덴의 수출에 볼보 다음으로 기여할 정도였다. 밴드의 멤버끼리 결혼과 이혼, 밴드의 해체 후 결합 등 많은 일을 겪었지만, 2021년에도 새로운 앨범을 내며 50년 넘게 왕성한 활동을 하고 있다.

Dancing Queen

아바의 대표곡으로 13국가에서 1위를 했다. 미국의 '프롬 파티(고등학생이 학기 말에 하는 테마가 있는 댄스 파티)'를 컨셉으로 만들어서, 아바 노래 중에 유일하게 미국의 빌보드 차트에서도 1위를 했다. 한국에서도, 한국인이 좋아하는 팝송 1위에 선정될 만큼 인기있다. 특히 귀에 착 감기는 쉬운 멜로디와 센스있는 베이스가 인상적이다. 금요일 밤의 댄스 파티에서 17세 소녀에게 무슨 일이 벌어지고 있을까?

THE ABBA REMASTERS

533 981-2 / DG3606

ARRIVAL

POLAR

Polydor

COMPACT
disc
DIGITAL AUDIO

추천번호 98-761

Dancing Queen

0:19 Ooh, you can _____ . You can jive,
우　유　캔　　　　　　　　　　　　　유　캔　자입

having the time of your life.
해빙　더　타이멉　유얼　라잎

Ooh, see that _____ . Watch that scene.
우　씨　댙　　　　　　　　　　왙취　댙　씬

Dig in the dancing queen.
디긴　더　댄씽　퀸

0:43 Friday night and
프라데이　　나이랜

the _____ _____ low.
더　　　　　　　　　　　　　　　　　　로우

Looking out for a place to go, mm,
룩킹　아울　폴　(어)플레이ㅆ투　고　　음

where they play the right music
웨얼　데　플레이　더　라잍　뮤직

getting in the swing,
게링　인　더　ㅅ윙

you come to look for a _____ .
유　컴　투　룩　폴　(어)

1:02 Anybody could be that _____ .
에니바디　쿨　비　댙

Night is young and the music's high.
나이리청　앤　더　뮤직ㅆ　하이

춤의 여왕

당신은 춤dance 출 수 있어요. 자이브를 출 수 있어요,
_{댄쓰}

당신의 삶의 (즐거운) 한 때를 가지면서요.

저 아가씨를girl 봐요. 저 장면을 봐요.
_걸

그 춤의 여왕에게 빠져봐요.

▶ 콤마 뒤의 동사+ing는
'~하면서'를 뜻한다.
여기서는 '가지면서'.

금요일 밤에

그 불빛들은 어두워요lights are.
_{라잍철}

(당신이) 갈만한 장소를 찾으면서요

그들이 알맞은 음악을 틀어주는 장소를요,

익숙해져서 완전히 빠져들만한 (음악을),

당신은 왕을king 찾아 와요.
_킹

▶▶ night의 t가 약하게
ㄹ로 발음돼서 and에
붙었다.

▶▶▶ looking~swing이 분
사구문으로, 주어는
you이다. 구의 앞부
분을 문장으로 만들
면 You look out for a
place.

누구든 저 남자가guy 될 수 있어요.
_{가(이)}

밤은 젊고(시작이고), 그 음악 소리는 커요

With a bit of _____ music,
위러   비럽   뮤직

everything is _____ .
에브리띵   이즈

You're in the _____ for a dance.
유얼 인 더   폴 (어) 댄쓰

And when you get the chance,
앤   웬   유 겥 더   췐쓰

1:25 You are the dancing queen,
유 얼 더   댄씽   쿠인

young and sweet, only seventeen.
영   앤   스윝   오운리   쎄븐틴

Dancing queen, _____ the beat
댄씽   쿠인   더 빝

from the tambourine, oh yeah.
프럼 더   탬버륀   오우 예

You can dance. You can jive,
유 캔   댄쓰 유 캔   자입

having the time of your life.
해빙   더   타이멉 유얼 라잎

Ooh, see that girl. Watch that scene.
우   씨   댙 걸   왙취   댙   씬

Dig in the dancing queen
디긴   더   댄씽   쿠인

2:14 You're a teaser, you turn 'em on.
유얼 어 티저   유 털언 엠   온

Leave 'em _____
리븜

약간의 (분위기의) 락(음악)<u>rock</u> 음악과 함께라면,
락

▶ with~music이 원래
문장 뒤에 있어야 하
는데 앞으로 나왔다.

모든 것은 좋아요<u>fine</u>.
파인

당신은 춤을 출 기분이죠<u>mood</u>.
뭇

그리고 당신이 기회가 생긴다면,

당신은 춤의 여왕이에요,

젊고 달콤한, 단지 열일곱 살인.

춤의 여왕이 그 리듬을 느껴요<u>feel</u>
필

탬버린에서 나온, 그래요.

당신은 춤 출 수 있어요. 자이브를 출 수 있어요,

당신의 삶의 (즐거운) 한 때를 가지면서요.

저 아가씨를 봐요. 저 장면을 봐요.

그 춤의 여왕에게 빠져봐요.

당신은 애태우는 사람, 그들을 흥분시키지요.

▶▶ 드물게 them을 줄여
서 'em으로 쓴다.

그들이 (마음이) 불타도록<u>burning</u> 남겨두고
벌닝

and then you're
앤   덴   유얼 ▸_____.

Looking▸ out for another, anyone will do.
루킹   아웉 포러너덜   에니원   윌   두

You're in the mood for a dance
유얼 인 더   묻   포러   댄ㅆ

And when you ▸_____ the chance
앤   웬   유   더   챈ㅆ

2:37 ▶

3:20 Dig in the dancing queen.
      디긴   더   댄씽   쿠인

당신은 떠났죠gone.
건

또 다른 사람을 찾으면서, 누군가 할 거에요.

당신은 춤을 출 기분이죠.

그리고 당신이 기회가 생긴다면get,
겔,

그 춤의 여왕에게 빠져봐요.

▶ 분사구문으로, 찾는 행동을 하는(looking out) 사람(주어)은 anyone이다.

패턴 You are the dancing queen. 사용빈도: 63,000,000회

you나 여러 명에 be동사는 'are'를 쓴다. you에 are를 쓰는 이유는, you가 여러 명(너희들)일 때도 있기 때문이다. You are the dancing queen은 "너'는 춤의 여왕이다'를 뜻하지만, 가끔 맥락에 따라 "너희들'은 춤의 여왕이다'를 뜻하기도 한다.

be동사 뒤에는 주로 형용사나 명사(the queen)가 나오지만, 가끔 장소부사(here, there), 전치사+명사(at home)도 올 수 있다.

---

① 당신은 제 삶의 그 햇빛이에요. 44,300,000회
힌트 sunshine 발췌 정답 1번 문장

누가+상태모습 _____ 어떤 _____ 어떤 _____ of my life.

② 당신은 항상 제 마음 안에 있을 거에요. 2,030,000회
힌트 in my heart 발췌 You Are Not Alone

누가+상태모습 always _____ 어떤 _____ 어떤 _____ 어떤 _____

③ 너는 정말 한 천사 같아. 1,310,000회
힌트 angel 발췌 Creep

누가+상태모습 just like _____ 어떤 _____ 어떤 _____

---

22 **정답** ① You're the sunshine of my life. ② You're always in my heart. ③ You're just like an angel.

Why do you close your eyes? 너는 왜 눈을 감니?

회화

You're so shiny. 네가 너무 빛나서.
You're the sunshine **of my life.** 너는 내 삶의 햇빛이거든.

네가 최고야.

You're the best.
144,000,000 회

너는 오직 하나뿐인 사람이야.

You're the only one.
32,700,000 회

네가 내 삶의 그 이유야.

You're the reason for my life.
30,800,000 회

2위 Yesterday / the Beatles

2:50 ★★★
예스터데이: 어제 / 비틀즈

작곡 폴 매카트니 **노래** 비틀즈 **국적** 영국 **발표** 1965 **장르** 소프트 록

0:30 yesterday [jestərdeɪ] 어제 trouble [trʌbl] 문제 seem [siːm] ~처럼 보이다
far [faːr] 먼, 멀리 away [əweɪ] 떨어진 as though [æz ðou] 마치 ~처럼

0:49 suddenly [sʌdnli] 갑자기 half [hæf] 절반 used to [juːzd tu] ~하곤 했다
shadow [ʃædou] 그림자 hang [hæŋ] 걸다

1:08 had to [hæd tu] ~해야 했다 (have to 의 과거) would [wud] ~하려고 했다
long [lɔŋ] 긴, 그리워하다

1:27 such [sʌtʃ] 그런 place [pleis] 장소 hide [haid] 숨다

3위 Love of My Life / Queen

3:39 ★★
러브 오브 마이 라이프: 내 인생의 사랑 / 퀸

작곡 프레디 머큐리 **노래** 퀸 **국적** 영국 **발표** 1975 **장르** 록, 발라드

0:22 of [əv] ~의 life [laif] 인생, 목숨 hurt [həːrt] 아프게 하다
broken [broukn] break(부수다)의 과거분사 leave [liːv] 남기고 떠나다

0:40 bring back [briŋ bæk] 돌려주다 away [əweɪ] 멀리 from [frəm] ~로 부터
because [bikɔ́ːz] ~하기 때문에 what [hwət] 무엇 mean [miːn] 의미하다

1:04 taken [teikn] take(가져가다)의 과거분사 desert [dezərt] 버리다, 사막

1:50 remember [rimembər] 기억하다 blown [bloun] blow(불다)의 과거분사
blow over [bloun ouvər] 지나가다, 끝나다 by the way [bai ðə wei] 그런데, 어쨌든
Everything is all 뒤에 right이 생략됐다.

2:04 grow [grou] 자라다 old [ould] 늙은 there [ðeər] 거기 side [said] 면, 쪽
remind [rimaind] 생각나게 하다 how [hau] 어떻게, 얼마나 still [stil] 여전히
hurry [hə́ːri] 서두르다

4위 Let It Be / **the Beatles**

3:51 ★★★

렛잇비: 그대로 두어라 / 비틀즈

학습 자료
가사/듣기
34

작곡 폴 매카트니, 존 레논 **노래** 폴 매카트니 **국적** 영국 **발표** 1970 **장르** 록

0:13 when [wɛn] 언제, ~할 때 myself [maɪˈsɛlf] 나 자신 times [taɪmz] 번, 시간들
trouble [ˈtrʌbl] 곤란, 문제 words [wɜːrdz] 단어들 wisdom [ˈwɪzdəm] 지혜
let [lɛt] 허락하다, 놔두다 be [biː] 있다

0:26 darkness [ˈdɑːrknɪs] 어둠 stand [stænd] 서다 right [raɪt] 오른쪽, 올바른
in front of [ɪn frʌnt əv] 앞에 whisper [ˈwɪspər] 속삭이다

0:52 broken-hearted [ˌbroʊkənˈhɑːrtɪd] 심장(마음)이 상한 agree [əˈgriː] 동의하다

1:05 for [fɔːr] 왜냐하면 (접속사) may [meɪ] ~할 것 같다 answer [ˈænsər] 답하다, 답변
though [ðoʊ] 비록, 하지만 parted [ˈpɑːrtɪd] 헤어진, 분리된 still [stɪl] 여전히, 아직도

2:41 cloudy [ˈklaʊdi] 구름이 많은 shine [ʃaɪn] 빛나다 on [ən] ~위에
wake up [weɪk ʌp] 깨어나다 of [əv] ~의

5위 Hotel California / **Eagles**

6:32 ★★★★

호텔 캘리포니아: 캘리포니아 호텔 / 이글스

가사/듣기

작곡 돈 헨리, 글렌 프라이, 돈 펠더 **노래** 이글스 **국적** 미국 **발표** 1977 **장르** 록

0:53 desert [dɪˈzɜːrt] 사막 highway [ˈhaɪweɪ] 고속도로
colitas [kɔːˈliːtɑːs] 콜리타스 (스페인말: 대마초 봉우리) ahead [əˈhɛd] 앞에
distance [ˈdɪstəns] 거리 shimmer [ˈʃɪmər] 반짝임 dim [dɪm] 어둡다, 희미하다

1:19 mission [ˈmɪʃən] 임무 lit up [lɪt ʌp] 불을 켜다 corridor [ˈkɔːrɪdɔːr] 복도

1:45 California [kælɪˈfɔːrnjə] 캘리포니아 lovely [ˈlʌvli] 사랑스러운 plenty of [ˈplɛnti əv] 충분한

2:11 Tiffany-twisted [ˈtɪfəni twɪstɪd] 티파니로-꼬인 Mercedes bends [mɜːrˈsiːdiːz bɛndz] 메르세
데스 벤츠 (자동차 회사) courtyard [ˈkɔːrtjɑːrd] 안뜰 sweat [swɛt] 땀

2:37 spirit [ˈspɪrɪt] 정신, 영혼, 술 alibis [ˈælɪbaɪz] 알리바이들 (다른 곳에 있었다고 증명하는 것)

3:30 ceiling [ˈsiːlɪŋ] 천장 champagne [ʃæmˈpeɪn] 샴페인 (탄산 포도주) prisoner [ˈprɪznər] 죄수
device [dɪˈvaɪs] 장치 master [ˈmæstər] 주인 chamber [ˈʧeɪmbər] 방 feast [fiːst] 잔치
stab [stæb] 찌르다 steely [ˈstiːli] 철같은 beast [biːst] 짐승

3:55 passage [ˈpæsɪʤ] 통로 programmed [ˈproʊˌgræmd] 프로그래밍된 **유레카 팝송 영어회화 200** 25

한국인이 좋아하는 팝송
6위

Creep / Radiohead

작곡 알버트 해몬드, 마이크 헤이즐우드 **노래** 톰 요크 **국적** 영국 **발표** 1992 **장르** 얼터너티브 록

작품성

대중성

노래
난이도

재미

영어
난이도

크립 / 라디오헤드

Radiohead

1985년에 5명으로 결성된 락밴드로 독특한 가사와 톰 요크의 흐느끼는 듯한 노래가 인상적이다. 전자음악, 클래식 등을 접목한 실험적인 락음악을 만든다. 가장 잘 알려진 Creep을 제외하면 대중이 듣기에는 거북할 정도로 실험적인데, 지금까지도 왕성하게 활동하는 것을 보면 대단하다.

Creep

90년대의 팝송 중에 최고의 곡을 한 곡만 꼽는다면, 나는 Creep을 꼽을 것이다. 어떤 음악평론가든 90년대 팝송 10곡을 꼽는다면, 10곡 중에 당연히 Creep이 들어갈 것이다. 그만큼 대중성과 작품성 둘 다 완벽하게 잡은 곡이다. 하지만 우울하고 자기 비하적인 가사 때문에 한국에서는 한동안 금지곡으로 지정됐다. 밑바닥 인생을 사는 본인은 스스로를 어떻게 생각하고, 좋아하는 그녀에게 다가갔을 때 무슨 일이 있었을까?

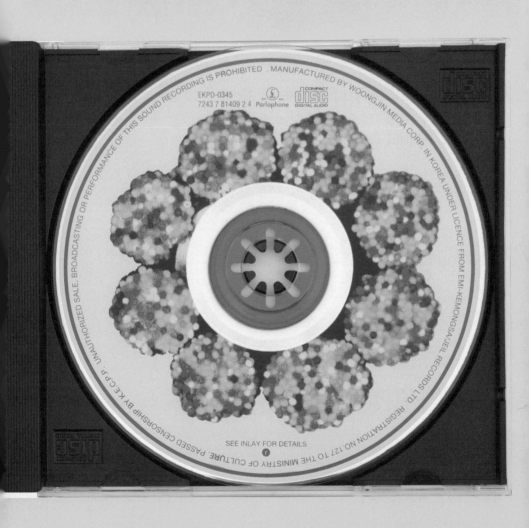

6위 Creep

3:56

0:20 When you were here _____,
웬 유 월 히얼

couldn't look you in the eye.
쿠든 룩 큐 인 디 아(이)

You're just like an _____.
유 저슽 라익컨

Your skin makes me _____.
(유) 스킨 메익ㅆ 미

0:40 You float like a feather
유 플로웉 라익커 페덜

in a _____ world.
이너 월ㄷ

I wish I _____ special.
아 위쉬 아 ㅅ페셜

You're so fuckin' special.
유 쏘 퍼킨 ㅅ페셜

1:01 But I'm a creep,
버라머 ㅋ륖

I'm a weirdo.
아머 위어로

What the hell am I doing here?
왙 더 헬마이 두인 히얼

I don't belong here.
아 돈 빌렁 히얼

소름끼치는 놈

네가 전에before 여기에 있었을 때
비폴

(나는) 너의 눈을 (똑바로) 볼 수 없었어.

너는 정말 천사angel 같아.
에인절

너의 피부는 나를 울부짖게cry 만들지.
크라(이)

너는 깃털처럼 떠다니지

아름다운beautiful 세상에서.
뷰리풀

나는was 특별해지기를 소망해.
워즈

너는 정말 존나게 특별해.

▶ look 다음 바로 목적어(you)를 쓸 수 있는 이유는 look you in the eye가 관용구이기 때문이다.

▶▶ like는 동사로 쓰면 '좋아하다'이지만 전치사로 쓰면 '~같은, ~처럼'을 뜻한다.

▶▶▶ make의 e가 a를 길게 해서 마크가 아니라 메이크로 읽으며, 윗줄의 like도 e가를 길게 해서 라이크로 읽는다.

▶▶▶▶ I를 '아이'라 하지 않고 종종 '아'로 짧게 줄여 발음한다. I'm도 '아임'이 아니라 주로 '암'으로 읽는다.

하지만 나는 한 소름끼치는 놈이야.

나는 한 이상한 놈이야.

대체 내가 여기서 뭐하는 중이지?

나는 여기 속해있지 않잖아.

1:22 I don't▸ care if it _____.
(아) 돈　케얼 이맅 ▸

I want to▸▸ have _____.
아　워너　햅 ▸

I want a perfect _____.
아　워너　펄펙 ▸

I want a perfect _____.
아　워너　펄펙 ▸

1:43 I want you to _____
아　원츄　두 ▸

when I'm not around.
웬　암　나어라운드

You're so fuckin'▸▸▸ special.
(유얼) 쏘　퍼킨　ㅅ페셜

I wish I was special.
아　위샤 워ㅈ　ㅅ페셜

2:04 ▶

2:27 She's running out _____.
쉬ㅈ　러닝　아웉 ▸

She's running out.
쉬ㅈ　러닝　아웉

She's▸▸▸▸ run run run run, run.
쉬　　런 런 런 런 런

나는 그것이 상처를 주더라도hurts 신경 안 써.
헐츠

나는 통제할control 수 있기를 원해.
컨트럴

나는 완벽한 몸을body 원해.
바리

나는 완벽한 영혼을soul 원해.
쏘울

나는 네가 알아채기를notice 원해
너우리ㅅ

내가 주변에 없을 때에.

너는 정말 미치도록 특별해.

나는 내가 특별하기를 소망해.

그녀는 다시again 도망가고 있어.
어게이언

그녀는 도망가고 있어.

그녀는 도망가고 도망가고 도망가고, 도망갔어.

▶ don't는 정확히 발음하면 '도운ㅌ'인데 주로 짧게 '돈'으로 발음한다.

▶▶ n과 t 소리나는 곳이 충돌해서 종종 n만 소리난다. want to나 want a를 '워너'로 발음하기도 한다.

▶▶▶ 영어에서 작은따옴표(')는 생략됐다는 뜻이다. fucking에서 g를 생략한 대신 작은 따옴표를 썼다.

▶▶▶▶ She's의 's는 has를 뜻한다.

3:06 Whatever makes you _____,
와레벌 메잌쓔

whatever you _____,
와레버 유

you're so fuckin' special.
유 쏘 펔킨 ㅅ페셜

I wish I was special.
아 위쉬 아 워ㅈ ㅅ페셜

3:27 ▶

3:48 I don't belong here.
아 돈 빌렁 히얼

무엇이 너를 행복하게happy 만들든지,
해피

무엇을 네가 원하든지want,
원트

너는 정말 존나게 특별해.

나는 내가 특별해지길 소망해.

나는 여기 속해 있지 않잖아.

패턴 I'm a weirdo.

영어의 동사는 크게 일반동사와 be동사로 나눌 수 있다. 일반동사는 행동에 관한 말이고, be동사는 be동사 뒤에 상태나 모습에 관련된 말(weirdo)이 나온다는 것을 알려준다. 쉽게 말해 be동사를 제외한 모든 동사는 일반동사이다.

I일 때는 am을 써서 '나는 이상한 놈이야'는 I am weirdo이다. be동사(am, are, is)는 워낙 많이 쓰므로 I am 대신 I'm으로 줄여 쓸 수 있다. 마찬가지로 you나 여러 명일 때는 are를 쓰는데, You're로 줄여 쓸 수 있다. 한 명은 is를 쓰는데, He is 대신 He's로 줄여 쓸 수 있다.

1 그게 나의 인생이야.
힌트 life 발췌 정답 1번

44,900,000회

누가+상태모습 _____ 어떤 _____ 어떤 _____

2 저는 광적으로, 미친듯 그를 좋아해요.
힌트 crazy 발췌 9 to 5 (Morning Train)

9,460,000회

누가+상태모습 _____ 어떤 _____, mad for him.

3 그리고 이제, 그 (인생의) 끝은 가까워.
힌트 end 발췌 My Way

5,130,000회

And now, _____ 누가 _____ 누가 _____ 상태모습 _____ 어떤 _____

정답 ① It's my life. ② I'm crazy, mad for him. ③ And now, the end is near.

회화

Stop playing games. 게임 그만해.
It ruins your life. 그건 너의 인생을 망쳐.

It's none of your business. 당신이 상관할 바 아니야.
It's my life, not yours. 그것은 내 인생이지, 당신 (인생이) 아니라.

그것은 나의 잘못이야.

It's my fault.
7,690,000 회

그것은 나의 기쁨이야.

It's my pleasure. 5
3,170,000 회

그것은 내가 대접하는 것이야.

It's my treat. 6
168,000 회

한국인이 좋아하는 팝송

7위

Last Christmas / **Wham!**

작곡 조지 마이클 **노래** 웸! **국적** 영국 **발표** 1984 **장르** 신스 팝, 댄스 팝

라스트 크리스마스 / **웸**

Wham!

조지 마이클과 앤드류 리즐리로 1981년에 결성된 영국의 팝 듀오이다. 댄스 팝, 블루아이드 소울 등 다양한 장르의 음악을 만들었고, 데뷔 앨범인 Fantastic은 영국 앨범 차트에서 1위를 했다. 다만, 조지 마이클은 공공 음란 행위로 체포되면서 게이(동성 연애)임이 알려졌고, 마약 중독과 건강 문제로 여러 번 공연을 취소하기도 했다.

Last Christmas

머라이어 캐리 곡과 함께 크리스마스만 되면 안 틀수 없는 노래다. 벚꽃 연금이라 불리는 벚꽃 엔딩(장범준)의 수입이 약 100억인데, 이 곡은 매년 5억 정도를 버니 어림잡아 200억 이상을 벌었다. 가사의 화자는 작년 크리스마스에 큰 상처를 받았지만, 올해는 뭔가 다르기를 기대하고 있다. 작년에 무슨 일이 있었던 걸까?

WHAM!
MUSIC FROM THE EDGE OF HEAVEN

1. THE EDGE OF HEAVEN
— G. Michael —

2. BATTLESTATIONS
— G. Michael —

3. I'M YOUR MAN   4. WHAM! RAP '86
— G. Michael —   — G. Michael – A. Ridgeley —

COLUMBIA

90 - 1915

CPK-1089
(CK 40285)
DIDP 70181

Manufactured by SKC
LTD. Korea
9011 – L19712 – L19719

5. A DIFFERENT CORNER   6. BLUE (LIVE IN CHINA)
— G. Michael —   — G. Michael —

7. WHERE DID YOUR HEART GO?
— D. Was – D. Was —

8. LAST CHRISTMAS
— G. Michael —

℗ 1984, 1985, 1986
CBS Records

0:18 Last Christmas, I gave you my heart.
라슽 ㅋ리ㅆ머ㅅ 아 게이뷰 마 핱

But the very next day,
벝 더 베리 넥슽 데이

you gave it away. (you gave it away)
유 게이비러웨이 유 게이비러웨이

_____, to save me from tears,
투 쎄입 미 프럼 티어ㅅ

I'll give it to someone special. (special)
알 기빝투 썸원 ㅅ페셜 ㅅ페셜

0:36

1:12 Once bitten and twice _____.
원쓰 비른 앤 ㅌ와이ㅆ

I keep my distance.
아 킾 마이 디ㅅ턴ㅆ

But you still catch my eye
벝튜 ㅅ틸 캩취 마이 아이

Tell me, baby
텔 미 베이베

"do you recognize me?"
두 유 레커나이ㅈ 미

Well, it's been a _____.
웰 잍츠 비너

작년 크리스마스

지난 크리스마스에, 당신에게 마음을 주었죠.

하지만 바로 다음 날,

당신은 그것을 버렸어요.

올해는, 저를 눈물에서 구하기 위해서This year,
_{디쓰 이야}

저는 특별한 누군가에게 그것을 줄 거거든요.

한 번 물렸으니 두 번째는 조심할 거에요shy.
_{샤이}

▶ 일종의 속담이다.

저는 거리를 두려 했어요.

하지만 당신은 여전히 제 눈을 사로잡았지요.

아가씨, 저에게 말해주세요

"제가 누군지 알아보겠나요?"

글쎄요Well, 일 년year이 지났어요.
_{이여}

1:27 It doesn't surprise me (Happy Christmas!)
일 　더즌 　써프라이즈 미 　해피 　크리쓰마쓰

I wrapped it up and sent it
알랲티렆은 　쎈팉

with a note saying,
윋더 　놑 　쩨잉

"I love you," I meant it.
아일럽뮤 　아 　멘팉

＿＿＿＿＿＿, I know what a fool I've been
　　　　　　아 노우 　와러 풀 압 빈

But if you kissed* me now,
버리퓨 　키쓷 　미 나우

I know you'd fool** me
안노윤 　풀 　미 ＿＿＿＿＿＿

1:48 ▶

2:05 ▶

2:41 A crowded*** room, friends with tired eyes,
(어) 크라우디 　룸 　프렌쥗 　타이드 아이즈

I'm hiding from you, and your soul of ice.
암 　하이딩 　프럼뮤 　앤듀어 　쏘울읍 아이쓰

＿＿＿＿＿＿＿＿＿＿, I thought you were
　　　　　　　　아이 　떹쥬 　워

someone to rely on.
썸원 　투 릴라이 온

Me? I guess I was a shoulder to cry on.
미 　아 　게싸워저 　숄럴 　투 크라이 온

그것은 제게 놀랍지 않아요 (행복한 크리스마스!)

저는 그것을 포장해서 보냈어요

이런 말의 메모와 함께요,

"저는 당신을 사랑해요" 진심으로요.

이제Now, 제가 얼마나 바보 같았는지 알아요.
　　나우

하지만 이제 당신이 제게 키스한다면,

저를 다시 속일 것이라는 것을 알아요again.
　　　　　　　　　　　　　　　　어겐

▸ if로 현재를 가정하기
　위해 과거로 썼다.
▸▸ fooled가 아니라 fool
　을 썼으므로 'd는
　would를 줄인 것이다.

사람 많은 방에, 피곤한 눈의 친구들이 있었고,

저는 당신을 피해 숨고 있었어요, 당신의 얼음 같은 영

혼을 (피해서). / 신이시여My god, 저는 당신을
　　　　　　　　　　마이　갇

의지할 만한 사람이라 생각했어요.

저요? 제 추측에 저는 기대어 울 수 있는 어깨 같았죠.

▸▸ 흘려 발음할 때 과거
　(-ed)를 빼고 발음하
　기도 한다.

2:58 A face on a lover with a ⸝_____ in his heart,
어 페이써너 러버 위더 ⸝_____ 린 히 ㅈ 핱

a man under cover but you tore me apart.
어 맨 언더 커버 벝츄 토얼 미 어파핱

(woohoo) Now, I've found a real love. You'll
우후 나우 아입 파운더 리얼 러블

never ⸝_____ me again.
네버 ⸝_____ 미 어겐

3:16 ▶️

3:34 ▶️

3:52 A face on a lover with a fire in his heart,
어 페이써너 러버 위더 파이어린 히 ㅈ 핱

(gave you my heart.)
게이뷰 마 아핱

A man under cover but you tore me apart.
어 맨 언더 커버 벝츄 토얼 미 어핱

⸝_____ _____ _____ ,

I'll give it to someone.
알 기빝투 썸원

I'll give it to someone special▸.
알 기빝투 썸원 ㅅ페셜

(special, someone, someone)
ㅅ페셜 썸원 썸원

애인 같은 얼굴에, 가슴 속에 불이fire 있는,
파이어

남자로 위장하고, 당신은 저의 가슴을 찢어놓았지요.

이제, 저는 진짜 사랑을 찾았어요. 당신은

절대로 저를 속이지fool 않을 거에요.
풀

애인 같은 얼굴에, 가슴 속에 불(열정)이 있는,

당신에게 제 마음을 줬지요.

남자로 위장하고, 저의 가슴을 찢어놓았지요.

아마 내년에는Maybe next year,
메이비 넥쓰트 이야

저는 누군가에게 그것을 줄 거에요.

저는 특별한 사람에게 그것을 줄 거에요.

특별한 누군가에게, 누군가에게

▸ some(한정사) one(대
명사)이 합쳐져 있으
므로, 형용사(special)
를 사이에 쓸 수 없어
서 뒤에 썼다.

패턴 Maybe next year, I'll give it to someone. 463,000 회

영어에서 문장의 시작은 항상 '누가'부터 시작해야 한다. 그래야 상대방이 이해할 수 있기 때문이다. '누가'부터 시작하지 않는 경우에는 '누가'가 나오기 전에 살짝 쉬어준다. 그래서 Maybe next year, 뒤에 쉼표는 살짝 쉬어주라는 뜻이다. 그리고 이어지는 'I'가 문장의 시작(누가, 주어)이다. 원래의 문장은 I'll give it to someone maybe next year이다. 이처럼 쉼표(,)가 하나 있으면 주로 뒤에 있는 말이 앞으로 나왔다는 뜻이다.

쉼표가 두 개 있으면, 주로 두 쉼표의 사이가 문장에 삽입된 것이다. I'll give it, maybe next year, to someone으로 쓸 수도 있다. 이 경우 maybe next year가 중간에 삽입된 것이다.

① 거짓말들 속에서, 당신은 그 진실이었어요.   773,000회
힌트 lie 발췌 Because You Loved Me

＿＿＿＿＿ ＿＿＿＿＿ ＿＿＿＿ ＿＿＿＿,
　누가　　상태모습　　어떤　　어떤

② 그리고 이번에는, 나는 당신을 탓해.   237,000회
힌트 blame 발췌 When Love Takes Over

And ＿＿＿＿ ＿＿＿＿, ＿＿＿＿ ＿＿＿＿ ＿＿＿＿
　　　　　　　　　　　누가　　한다　　무엇을

③ 약간의 락 음악과 함께라면, 모든 것은 좋아.   78,800회
힌트 fine 발췌 Dancing Queen

＿＿＿＿＿ a bit of ＿＿＿＿ ＿＿＿＿,
　누가　　　　　　상태모습　　어떤

48　　**정답** ① Through the lies, you were the truth. ② And this time, I blame you.

I'm sorry for being late again. 제가 또 늦어서 죄송합니다.

It has been several times. 그것은 여러 번이잖아.
This time, I blame you. 이번에는, 나는 당신을 탓할거야.

이번에는, 그것이 달라.	This time, it's different. ④
	25,000,000 회

이번에는, 그것(행동)은 나였어.	This time, it was me. ⑤
	1,190,000 회

이번에는, 그것이 내 거야.	This time, it's mine. ⑥
	1,040,000 회

8위 One Summer Night / **Chelsia Chan & Kenny B.**

가사/듣기

2:57
★★★

원 썸머 나이트 / 진추하 & 아비(종진도)

작곡 진추하 **노래** 진추하 & 아비 **국적** 홍콩 **발표** 1976 **장르** 팝

0:28 summer [ˈsʌmər] 여름 shining [ˈʃaɪnɪŋ] 빛나는 dream [driːm] 꿈
whims [wɪmz] 변덕스러운 생각들 tumbled [ˈtʌmbld] 넘어졌다 died [daɪd] 사망했다

0:49 pray [preɪ] 기도하다 shine [ʃaɪn] 빛나다 since [sɪns] 이후로 gone [gɔːn] 떠났다
beat [biːt] 뛰다, 치다

1:16 sparrows [ˈspærəʊz] 참새들 ease [iːz] 완화하다
running wild [ˈrʌnɪŋ waɪld] 제멋대로 뛰어다니다 chance [tʃæns] 기회

2:02 fancy [ˈfænsi] 환상적인, 공상적인 sign [saɪn] 신호, 징표 free [friː] 자유롭게 하다
world [wɜːrld] 세계, 세상 stars [stɑːrz] 별들

9위 My All / **Mariah Carey**

가사/듣기

3:53
★★★

마이 올 / 머라이어 캐리

작곡 머라이어 캐리, 월터 아파나시에프 **노래** 머라이어 캐리 **국적** 미국 **발표** 1997 **장르** R&B

0:21 thinking [ˈθɪŋkɪŋ] 생각하는 (것) sleepless [ˈsliːpləs] 잠 못 이루는 solitude [ˈsɑːlɪtjuːd] 고독
tonight [təˈnaɪt] 오늘 밤 love [lʌv] 사랑 heart [hɑːrt] 심장, 마음 right [raɪt] 옳은

0:38 drowned [draʊnd] 빠진, 익사한 pull through [pʊl θruː] 극복하다, 헤쳐나가다
side [saɪd] 측면, 곁

0:56 risk [rɪsk] 위험(을 감수하다) feel [fiːl] 느끼다 body [ˈbɑːdi] 몸 mine [maɪn] 나의 것

1:05 memory [ˈmeməri] 기억 song [sɔːŋ] 노래

1:32 clearly [ˈklɪrli] 명확하게 vividly [ˈvɪvɪdli] 생생하게
emblazoned [ɪmˈbleɪzənd] 각인된 distant [ˈdɪstənt] 멀리 떨어진
wishing [ˈwɪʃɪŋ] 바라는 (것)

10위 Kokomo / **The Beach Boys**

3:35
★★★★
코코모 / 비치 보이스

가사/듣기

작곡 마이크 럽, 테리 멜처, 스콧 맥킨지, 존 필립스 **노래** 더 비치 보이즈 **국적** 미국 **발표** 1988
장르 소프트 락

0:04 Jamaica [dʒəˈmeɪkə] 자메이카 Bermuda [bərˈmjuːdə] 버뮤다 Bahama [bəˈhɑːmə] 바하마
Key Largo [kiː ˈlɑːrgoʊ] 키 라르고 (미국 플로리다의 섬) Montego [mɒnˈtiːgoʊ] 몬테고

0:18 Florida Keys [ˈflɔːrɪdə kiːz] 플로리다 키스 (산호 지역)
Kokomo [ˈkoʊkoʊmoʊ] 코코모 (가상의 지역) bodies [ˈbɒdiz] 몸들 tropical [ˈtrɒpɪkl] 열대의
melting [ˈmeltɪŋ] 녹는 (것) rhythm [ˈrɪðm] 리듬 steel drum [stiːl drʌm] 스틸 드럼

1:18 Martinique [ˌmɑːrtiˈniːk] 마티니크 (인도의 화산 섬) Montserrat [ˌmɒnsəˈræt] 몬세라트
mystique [mɪˈstiːk] 신비 chemistry [ˈkemɪstri] 화학 gravity [ˈgrævɪti] 중력
cocktails [ˈkɒkteɪlz] 칵테일들 moonlit [ˈmuːnlɪt] 달빛이 비치는 dreamy [ˈdriːmi] 꿈같은
contact high [ˈkɒntækt haɪ] 접촉에 의한 흥분

2:20 Port au Prince [pɔːrt oʊ prɪns] 포르토 프랭스 (아이티의 수도) glimpse [glɪmps] 흘낏 보기

11위 She's Gone / **Steelheart**

6:32
★★★
쉬즈 곤 / 스틸하트

가사/듣기

작곡/노래 밀젠코 마티예비치 **국적** 미국 **발표** 1990 **장르** 글램 메탈

1:03 gone [gɔːn] 떠난 out of [aʊt ʌv] ~에서 밖으로 life [laɪf] 삶 wrong [rɔːŋ] 잘못된
blame [bleɪm] 탓 untrue [ʌnˈtruː] 거짓된 without [wɪðˈaʊt] ~없이 love [lʌv] 사랑

1:31 empty [ˈempti] 빈 space [speɪs] 공간 dreams [driːmz] 꿈들 lost [lɔːst] 잃어버린
wasting [ˈweɪstɪŋ] 낭비하고 있는 (것) away [əˈweɪ] 멀리

1:51 forgive [fərˈgɪv] 용서하다 save [seɪv] 구하다 belong [bɪˈlɔːŋ] 속해 있다

2:52 hard [hɑːrd] 어려운 go on [goʊ ɑːn] 계속하다 miss [mɪs] 그리워하다

3:10 back [bæk] 다시 alone [əˈloʊn] 혼자인 begging [ˈbegɪŋ] 간청하는 knees [niːz] 무릎들

4:00 done [dʌn] 된, 끝난

12위 Vincent / Don McLean

3:55
★★★★★

빈센트 / 돈 맥클린

가사/듣기

작곡/노래 돈 맥클린 **국적** 미국 **발표** 1971 **장르** 포크, 발라드

0:01 starry ['stɑːri] 별이 가득한   palette ['pælət] 팔레트   darkness ['dɑːrknɪs] 어둠

0:18 shadows ['ʃædoʊz] 그림자들   sketch [sketʃ] 스케치하다   daffodils ['dæfə,dɪlz] 수선화들
breeze [briːz] 바람   sanity ['sænəti] 제정신인 것(상태)

1:11 flaming ['fleɪmɪŋ] 불타오르는   blaze [bleɪz] 불꽃   swirling ['swɜːrlɪŋ] 휘몰아치는
haze [heɪz] 안개   reflect [rɪ'flekt] 반영하다

1:25 hue [hjuː] 색조   amber ['æmbər] 호박색   weathered ['weðərd] 풍화된   soothed [suːðd] 달래진

2:48 portraits ['pɔːrtrəts] 초상화들   frame-less ['freɪm,lɪs] 액자 없는

3:01 strangers ['streɪndʒərz] 낯선 사람들   ragged ['rægɪd] 찢어진   thorn [θɔːrn] 가시
crushed [krʌʃt] 부서진   virgin ['vɜːrdʒɪn] 처녀의   listening ['lɪsnɪŋ] 듣고 있는 (것)

13위 Without You / Badfinger

4:44
★★

위드아웃 유 / 배드핑거

가사/듣기

작곡 피트 햄, 톰 에반스 **노래** 배드핑거 **국적** 미국 **발표** 1971 **장르** 발라드

0:14 well [wel] 잘   forget [fər'get] 잊다   evening ['iːvnɪŋ] 저녁   leaving ['liːvɪŋ] 떠나다
guess [ges] 추측하다   story ['stɔːri] 이야기

0:27 always ['ɔːlweɪz] 항상   smile [smaɪl] 미소지다   eyes [aɪz] 눈들   sorrow ['sɑːroʊ] 슬픔
show [ʃoʊ] 보여주다

0:42 tomorrow [tə'mɑːroʊ] 내일   fair [fer] 공평한   let [let] 내버려두다   know [noʊ] 알다

1:11 live [lɪv] 살다   without [wɪ'ðaʊt] ~없이   give [gɪv] 주다   anymore [,eni'mɔːr] 더 이상

1:39 face [feɪs] 얼굴

14위 It's My Life / Bon Jovi

3:44
★★★

잇츠 마이 라이프 / 본조비

학습 자료
가사/듣기
42

작곡 본조비, 리치 삼보라, 맥스 마틴 **노래** 본조비 **국적** 미국 **발표** 2000 **장르** 록

0:09 ain't [eɪnt] ~이 아니다 song [sɔŋ] 노래 broken-hearted [ˌbroʊkənˈhɑːrtɪd] 상심한
silent [ˈsaɪlənt] 조용한 prayer [preər] 기도 faith-departed [feɪθ dɪˈpɑːrtɪd] 신앙을 잃은

0:25 gonna [ˈɡɑːnə] ~할 것이다 crowd [kraʊd] 군중 voice [vɔɪs] 목소리 shout [ʃaʊt] 외치다

0:34 life [laɪf] 생명, 인생 never [ˈnɛvər] 결코 ~않다 forever [fəˈrɛvər] 영원히
heart [hɑːrt] 마음 open [ˈoʊpn] 열린 highway [ˈhaɪˌweɪ] 고속도로 alive [əˈlaɪv] 살아 있는

1:15 ones [wʌnz] 사람들 stood [stʊd] 섰다 (stand의 과거형) ground [ɡraʊnd] 땅, 바닥
getting [ˈɡɛtɪŋ] ~하게 되어 가는 (것) harder [ˈhɑːrdər] 더 어렵게 mistake [mɪˈsteɪk] 실수
luck [lʌk] 운 breaks [breɪks] 틈(기회)들, 휴식들

2:29 better [ˈbɛtər] 더 좋은 stand [stænd] 서다 tall [tɔːl] 키가 큰 calling [ˈkɔːlɪŋ] 부르는 (것)
bend [bɛnd] 굽히다 break [breɪk] 부수다 baby [ˈbeɪbi] 아기 back [bæk] 뒤로
down [daʊn] 아래로 'cause [kɔːz] 왜냐하면(=because)

15위 Hey Jude / The Beatles

3:59
★★

헤이 쥬드 / 비틀즈

가사/듣기

작곡 폴 매카트니, 존 레논 **노래** 비틀즈 **국적** 영국 **발표** 1968 **장르** 록

0:00 hey [heɪ] 헤이 (부르는 말) Jude [dʒuːd] 쥬드 make [meɪk] 만들다 sad [sæd] 슬픈
better [ˈbɛtər] 더 좋게 remember [rɪˈmɛmbər] 기억하다 heart [hɑːrt] 마음
start [stɑːrt] 시작하다

0:26 afraid [əˈfreɪd] 두려워하는 minute [ˈmɪnɪt] 순간, 분 under [ˈʌndər] ~아래에 skin [skɪn] 피부

0:53 anytime [ˈɛnitaɪm] 언제든지 pain [peɪn] 고통 refrain [rɪˈfreɪn] 자제하다 carry [ˈkæri] 지니다
world [wɜːrld] 세상 shoulder [ˈʃoʊldər] 어깨

1:09 fool [fuːl] 바보 play [pleɪ] 놀다, 행동하다 cool [kuːl] 시원한, 멋진
colder [ˈkoʊldər] 더 차갑게

1:39 found [faʊnd] 찾았다 (find의 과거)

16 위 Hero / **Mariah Carey**

4:19 ★★★ 히어로 / 머라이어 캐리

가사/듣기

작곡 머라이어 캐리, 월터 아파나시에프 **노래** 머라이어 캐리 **국적** 미국 **발표** 1993 **장르** R&B

0:16 hero ['hɪroʊ] 영웅　look [lʊk] 보다　inside [ɪn'saɪd] 안쪽에　heart [hɑːrt] 심장　afraid [ə'freɪd] 무서워하는

0:31 answer ['ænsər] 대답　reach [riːtʃ] 도달하다　soul [soʊl] 영혼　sorrow ['sɑːroʊ] 슬픔　melt [mɛlt] 녹다

0:50 strength [strɛŋθ] 힘　carry ['kæri] 나르다　carry on ['kæri ən] 계속하다　fears [fɪərz] 두려움　survive [sər'vaɪv] 생존하다

1:06 hope [hoʊp] 희망　strong [strɔŋ] 강한　truth [truːθ] 진실　lie [laɪ] 눕다, 놓이다

1:27 road [roʊd] 길　alone [ə'loʊn] 혼자서　love [lʌv] 사랑　search [sɜːrtʃ] 찾다　disappear [ˌdɪsə'pɪər] 사라지다　emptiness ['emptinəs] 공허함

2:41 dreams [driːmz] 꿈들　follow ['fɑːloʊ] 따르다

17 위 My Love / **Westlife**

3:52 ★★★ 마이 러브 / 웨스트라이프

가사/듣기

작곡 샘 록웰, 요르겐 엘로프손 **노래** 웨스트라이프 **국적** 아일랜드 **발표** 2000 **장르** 발라드

0:08 empty ['ɛmpti] 빈　street [striːt] 거리　house [haʊs] 집　hole [hoʊl] 구멍　inside [ɪn'saɪd] 내부에　heart [hɑːrt] 심장　alone [ə'loʊn] 혼자인　rooms [ruːmz] 방들　smaller ['smɔːlər] 더 작은

0:22 wonder ['wʌndər] 궁금해하다　days [deɪz] 날들　songs [sɔːŋz] 노래들　sang [sæŋ] 노래했다 (sing의 과거)　holding ['hoʊldɪŋ] 붙잡고 있다　forever [fər'ɛvər] 영원히　reaching ['riːtʃɪŋ] 뻗어가는 (것)　seems [siːmz] 보이다　so far [soʊ fɑːr] 지금까지

0:48 prayer [prɛər] 기도　dreams [driːmz] 꿈들　take [teɪk] 데려가다　skies [skaɪz] 하늘들　blue [bluː] 푸른　overseas [ˌoʊvər'siːz] 바다 건너　coast [koʊst] 해안　find [faɪnd] 찾다　place [pleɪs] 장소　most [moʊst] 가장　fields [fiːldz] 들판들　green [griːn] 녹색의

1:19 read [riːd] 읽다　work [wɜːrk] 일하다　laughing ['læfɪŋ] 웃고 있는 (것)　friends [frɛndz] 친구들　stop [stɑːp] 멈추다

Bohemian Rhapsody / **Queen**

보헤미안 랩소디 / 퀸

가사/듣기

작곡 프레디 머큐리 **노래** 퀸 **국적** 영국 **발표** 1975 **장르** 프로그레시브 록

0:00 real [riːəl] 진짜의   fantasy [ˈfæntəsi] 환상   landslide [ˈlændslaɪd] 산사태
escape [ɪˈskeɪp] 도망치다   sympathy [ˈsɪmpəθi] 동정, 공감   wind [wɪnd] 바람
matter [ˈmætər] 중요하다

0:56 killed [kɪld] 죽였다   gun [gʌn] 총   trigger [ˈtrɪgər] 방아쇠   dead [dɛd] 죽은

1:10 begun [bɪˈgʌn] 시작했다 (begin의 과거분사)   thrown [θroʊn] 던져진 (throw의 과거분사)

1:29 mean [miːn] 의미하다, 의도하다   cry [kraɪ] 울다

1:37 carry on [ˈkæri ɑːn] 계속하다   as if [æz ɪf] 마치 ~인 것처럼

1:55 late [leɪt] 늦은   shivers [ˈʃɪvərz] 오한들   spine [spaɪn] 척추   aching [ˈeɪkɪŋ] 아픈 (것)
goodbye [gʊdˈbaɪ] 안녕   truth [truːθ] 진실

2:22 die [daɪ] 죽다   wish [wɪʃ] 바라다

3:06 silhouetto [ˌsɪluːˈetoʊ] 실루엣   Scaramouche [ˈskærəmuːʃ] 스카라무슈 (광대 이름)
Fandango [fænˈdæŋgoʊ] 판당고 (스페인 춤 이름)   thunderbolt [ˈθʌndərboʊlt] 번개
lightning [ˈlaɪtnɪŋ] 번개   frightening [ˈfraɪtnɪŋ] 무섭게 하는 (것)
Galileo [ˌgæləˈleɪoʊ] 갈릴레오 (이탈리아의 철학자, 과학자)   Figaro [fiˈgɑːroʊ] 피가로 (사람 이름)
Magnifico [mægˈnɪfɪkoʊ] 웅장한

3:29 monstrosity [mɑːnˈstrɑːsɪti] 괴물 같은 것
Bismillah [bizˈmilə] 비스밀라 (아랍어로 '하느님의 이름으로')

3:54 mamma mia [ˈmɑːmə miːə] 맘마미아 (이탈리아어로 '오, 엄마야')
Beelzebub [biːˈelzɪbʌb] 벨제붑 (사탄의 별명)   devil [ˈdɛvəl] 악마   aside [əˈsaɪd] 비켜서

4:15 stone [stoʊn] 돌   spit [spɪt] (침을) 뱉다

19위 Still Loving You / **Scorpions**

6:44 ★★ 스틸 러빙 유 / 스콜피온스

가사/듣기

작곡 루돌프 쉥커, 클라우스 마이네 **노래** 스콜피온스 **국적** 독일 **발표** 1984 **장르** 하드 록, 발라드

0:23 win [wɪn] 이기다　bring back [brɪŋ bæk] 다시 가져오다, 되살리다　someday ['sʌmdeɪ] 언젠가

1:23 fight [faɪt] 싸우다　bring down [brɪŋ daʊn] 무너뜨리다　wall [wɔːl] 벽　try [traɪ] 시도하다
change [tʃeɪndʒ] 바꾸다

2:19 pride [praɪd] 자존심　built [bɪlt] 지었다　strong [strɔːŋ] 강한
get through [get θruː] 통과하다　chance [tʃæns] 기회　start [stɑːrt] 시작하다

2:58 trust [trʌst] 신뢰하다　thrown away [θroʊn ə'weɪ] 버려진

4:29 hurt [hɜːrt] 상처를 입히다

4:40 end [end] 끝　still [stɪl] 여전히

20위 Top of the World / **The Carpenters**

2:58 ★★★ 탑 오브 더 월드 / 카펜터스

가사/듣기

작곡 리차드 카펜터, 존 베틀스 **노래** 카펜터스 **국적** 미국 **발표** 1972 **장르** 컨트리 팝

0:17 such [sʌtʃ] 그런, 어떤　wonder ['wʌndər] 놀라움　cloud [klaʊd] 구름

0:36 surprised [sər'praɪzd] 놀란　dream [driːm] 꿈　everything ['ɛvriθɪŋ] 모든 것

0:42 especially [ɪ'speʃəli] 특히　reason ['riːzn] 이유　nearest ['nɪərɪst] 가장 가까운
heaven ['hɛvn] 천국

1:02 creation [kri'eɪʃən] 창조물　explanation [,ɛksplə'neɪʃən] 설명　found [faʊnd] 발견했다
around [ə'raʊnd] 주변에

1:25 something ['sʌmθɪŋ] 어떤 것　learned [lɜːrnd] 배웠다　tellin' ['tɛlɪn] 말하는 (것) (=telling)

1:39 breeze [briːz] 미풍　pleasin' ['pliːzɪn] 기쁘게 하는 (것) (=pleasing)　happiness ['hæpɪnəs] 행복
through [θruː] ~을 통하여　tomorrow [tə'mɔːroʊ] 내일　same [seɪm] 같은

21위 Shape of My Heart / **Sting**

4:38
★★★★

쉐이프 오브 마이 하트 / 스팅

가사/듣기

작곡 스팅, 도미닉 밀러 **노래** 스팅 **국적** 영국 **발표** 1993 **장르** 팝, 록

0:24 deal [diːl] 다루다, 거래하다 meditation [ˌmɛdɪˈteɪʃn] 명상 suspect [səˈspɛkt] 의심하다
respect [rɪˈspɛkt] 존경하다

0:46 sacred [ˈseɪkrɪd] 신성한 geometry [ʤiˈɒmɪtri] 기하학 chance [ʧæns] 기회
hidden [ˈhɪdn] 숨겨진 probable [ˈprɑːbəbl] 가능성이 있는 outcome [ˈaʊtkʌm] 결과

1:10 spade [speɪd] 스페이드 (카드 무늬) soldier [ˈsoʊlʤər] 군인
club [klʌb] 클럽 (클로버 카드 무늬) weapons [ˈwɛpənz] 무기들 war [wɔːr] 전쟁
diamond [ˈdaɪəmənd] 다이아몬드 (다이아몬드 카드 무늬)

1:46 conceal [kənˈsiːl] 숨기다 memory [ˈmɛməri] 기억 fade [feɪd] 희미해지다

3:12 mask [mæsk] 가면 curse [kɜːrs] 저주하다 luck [lʌk] 운 fear [fɪər] 두려워하다
lost [lɔːst] 잃어버린 shape [ʃeɪp] 형태

22위 Goodbye / **Air Supply**

4:03
★★★

굿바이 / 에어 서플라이

가사/듣기

작곡 데이빗 포스터, 린다 톰슨 **노래** 에어 서플라이 **국적** 오스트레일리아 **발표** 1980 **장르** 팝, 소프트 록

0:18 hard [hɑrd] 열심히, 어렵게 deserve [dɪˈzɜrv] ~할 자격이 있다

0:30 sympathize [ˈsɪmpəˌθaɪz] 동정하다 criticize [ˈkrɪtɪˌsaɪz] 비판하다 belong [bɪˈlɒŋ] 속하다

0:59 disguised [dɪsˈgaɪzd] 변장한 anymore [ˌɛniˈmɔr] 더 이상 rather [ˈræðər] 차라리

1:44 chance [ʧæns] 기회 kind [kaɪnd] 종류 worthy [ˈwɜrði] 가치가 있는
painful [ˈpeɪnfəl] 고통스러운

2:01 lead [liːd] 이끌다 hold back [hoʊld bæk] 저지하다, 기다리다

2:27 hurt [hɜrt] 다치다, 아프게 하다 both [boʊθ] 둘 다

3:28 though [ðoʊ] 비록 ~하지만 other [ˈʌðər] 다른 way [weɪ] 방법

23 위 How Deep Is Your Love / **Bee Gees**

4:01
★★★
하우 딥 이즈 유어 러브 / 비지스

가사/듣기

작곡/노래 비지스 **국적** 영국 **발표** 1977 **장르** 소울

0:22　morning [ˈmɔːrnɪŋ] 아침　pouring [ˈpɔːrɪŋ] 쏟아지는 (것)　wander [ˈwɑːndər] 배회하다
　　　touch [tʌtʃ] 만지다　rain [reɪn] 비　wanna [ˈwɑːnə] ~하기를 원하다　arms [ɑːrmz] 팔들

0:26　summer [ˈsʌmər] 여름　breeze [briːz] 바람　softly [ˈsɔːftli] 부드럽게
　　　leave [liːv] 떠나가다　need [niːd] 필요하다　deep [diːp] 깊은

00:54　really [ˈriːəli] 정말로　learn [lɜːrn] 배우다　living [ˈlɪvɪŋ] 살고 있는 (것)
　　　fools [fuːlz] 어리석은 사람들　breaking [ˈbreɪkɪŋ] 파괴하는 (것)

1:10　belong [bɪˈlɔːŋ] 속해 있다

1:27　saviour [ˈseɪvjər] 구원자

24 위 If / **Bread**

2:50
★★★
이프 / 브레드

가사/듣기

작곡 데이비드 게이츠 **노래** 브레드 **국적** 미국 **발표** 1971 **장르** 발라드

0:22　picture [ˈpɪktʃər] 그림　paint [peɪnt] 그리다　thousand [ˈθaʊzənd] 천 개의
　　　words [wɜːrdz] 단어들

0:44　face [feɪs] 얼굴　launch [lɔːntʃ] 출항시키다　left [left] 떠났다, 남겨진　too [tuː] 또한

1:06　life [laɪf] 생명　running dry [ˈrʌnɪŋ draɪ] 고갈되는 (것)　pour [pɔːr] 쏟다
　　　yourself [jɔːrˈself] 당신 자신

1:28　place [ˈpleɪs] 장소　with [wɪð] 함께　tomorrow [təˈmɑːroʊ] 내일　today [təˈdeɪ] 오늘
　　　beside [bɪˈsaɪd] 곁에서　all the way [ˈɔːl ðə weɪ] 내내

1:50　world [wɜːrld] 세상　stop [stɑːp] 멈추다　revolving [rɪˈvɑːlvɪŋ] 회전하는
　　　spinning [ˈspɪnɪŋ] 도는　slowly [ˈsloʊli] 천천히　down [daʊn] 아래로　die [daɪ] 죽다

2:01　spend [spend] 보내다　end [end] 끝　through [θruː] 끝난　go out [goʊ aʊt] 꺼지다

2:29　simply [ˈsɪmpli] 단지　fly [flaɪ] 날다　away [əˈweɪ] 멀리

25 위
6:24
★★★★

Heal the World / **Michael Jackson**
힐 더 월드 / 마이클 잭슨

작곡/노래 마이클 잭슨 **국적** 미국 **발표** 1992 **장르** R&B

가사/듣기

0:45   generation [ˌdʒɛnəˈreɪʃən] 세대   better [ˈbɛtər] 더 좋은   children [ˈtʃɪldrən] 아이들

1:16   brighter [ˈbraɪtər] 더 밝은   cry [kraɪ] 울다   hurt [hɜrt] 아픔   sorrow [ˈsɑːroʊ] 슬픔

1:36   care [ker] 신경 쓰다   living [ˈlɪvɪŋ] 살아있는 (것)   race [reɪs] 인종   dying [ˈdaɪɪŋ] 죽는 (것)

2:12   lie [laɪ] 거짓말하다   strong [strɔːŋ] 강한   joyful [ˈdʒɔɪfəl] 기쁜

2:25   bliss [blɪs] 기쁨   fear [fɪr] 공포   dread [drɛd] 공포   stop [stɑːp] 멈추다   exist [ɪɡˈzɪst] 존재하다

3:14   shine [ʃaɪn] 빛나다   strangle [ˈstræŋɡəl] 조르다   crucify [ˈkruːsɪfaɪ] 십자가에 못 박다
      plain [pleɪn] 분명한   heavenly [ˈhɛvnli] 천상의   glow [ɡloʊ] 빛나다

3:37   spirits [ˈspɪrɪts] 영혼들   die [daɪ] 죽다

3:46   fear [fɪr] 공포   tears [tɪrz] 눈물들   nations [ˈneɪʃənz] 국가들   swords [sɔːrdz] 검들
      plowshare [ˈplaʊʃerz] 쟁기날

26 위
4:32
★★★★

No Matter What / **Boyzone**
노 매터 왓 / 보이존

작곡 앤드루 로이드 웨버 **노래** 보이존 **국적** 아일랜드 **발표** 1998 **장르** 발라드

가사/듣기

0:22   matter [ˈmætər] 중요하다   no matter [noʊ ˈmætər] 상관 없이   tell [tɛl] 말하다   do [du] 하다

0:31   teach [tiːtʃ] 가르치다   believe [bɪˈliːv] 믿다   true [truː] 진실한

0:41   call [kɔːl] 부르다   however [haʊˈɛvər] 그러나   attack [əˈtæk] 공격하다
      take [teɪk] 데려가다   own [oʊn] 자신의

1:02   deny [dɪˈnaɪ] 부인하다   forever [fɔːrˈɛvər] 영원히

1:23   tears [tɪrz] 눈물들   laughter [ˈlæftər] 웃음   night [naɪt] 밤   day [deɪ] 낮
      prayers [preɪərz] 기도들   answered [ˈænsərd] 답해진   hear [hɪr] 듣다   God [ɡɑd] 하나님

2:10   shelter [ˈʃɛltər] 피난처   storm [stɔːrm] 폭풍   barren [ˈbærən] 척박한

27 위 What's Up / **4 Non Blondes**

4:55
★★★

가사/듣기

왓츠 업 / 포 넌 블론즈

작곡/노래 린다 페리 **국적** 미국 **발표** 1992 **장르** 얼터너티브 록, 그런지

0:34 **get up** [gɛt ʌp] 일어나다　**hill** [hɪl] 언덕　**hope** [hoʊp] 희망(하다)

0:39 **destination** [ˌdɛstɪ'neɪʃən] 목적지　**realized** [ˈriːəˌlaɪzd] 깨달았다
quickly [ˈkwɪkli] 빠르게　**knew** [nuː] 알았다　**world** [wɜːrld] 세상
brotherhood [ˈbrʌðərˌhʊd] 형제애　**whatever** [watˈɛvər] 무엇이든

0:59 **cry** [kraɪ] 울다　**lying** [ˈlaɪɪŋ] 누워 있는 (것)　**peculiar** [pɪˈkjuljər] 이상한　**wake** [weɪk] 깼다
morning [ˈmɔːrnɪŋ] 아침　**step** [stɛp] 걸음　**outside** [ˌaʊtˈsaɪd] 밖으로　**take** [teɪk] 가져가다
deep [diːp] 깊은　**breath** [brɛθ] 숨

1:20 **scream** [skriːm] 소리 지르다　**lung** [lʌŋ] 폐　**go on** [ˈgo on] 계속 되다　**hey** [heɪ] 헤이 (부르는 말)

2:23 **try** [traɪ] 노력하다　**God** [gɑd] 하나님　**institution** [ˌɪnstɪˈtuːʃən] 기관

2:38 **pray** [preɪ] 기도하다　**revolution** [ˌrɛvəˈluːʃən] 혁명　**feel** [fil] 느끼다　**yeah** [jɛə] 응

28 위 Monday Morning 5:19 / **Rialto**

4:51
★★

가사/듣기

먼데이 모닝 5:19 / 리알토

작곡 리차드 레슬리 **노래** 리알토 **국적** 영국 **발표** 1997 **장르** 얼터너티브 록

0:05 **o'clock** [əˈklɑk] 시　**goodbye** [gʊdˈbaɪ] 안녕　**left** [lɛft] 떠났다　**house** [haʊs] 집
mine [maɪn] 내 것　**staying** [ˈsteɪɪŋ] 머무는 (것)　**work** [wɜːrk] 일

0:38 **bath** [bæθ] 목욕　**hour** [aʊər] 시간　**pass** [pæs] 흘러가다

0:55 **drifting** [ˈdrɪftɪŋ] 떠도는 (것)　**front** [frʌnt] 앞　**film** [fɪlm] 영화　**come** [kʌm] 나오다

1:14 **wondering** [ˈwʌndərɪŋ] 궁금해하는 (것)　**try** [traɪ] 시도하다　**call** [kɔːl] 전화하다
machine [məˈʃiːn] 기계　**almost** [ˈɔːlˌmoʊst] 거의　**back** [bæk] 뒤로　**end** [ɛnd] 끝

1:45 **guess** [gɛs] 추측하다　**gone** [gɔːn] 사라진
cannes [kæn] 칸 (프랑스의 도시, 영화 축제로 유명하다)　**silver** [ˈsɪlvər] 은색인　**pack** [pæk] 팩
cigarette [ˌsɪgəˈret] 담배　**midnight** [ˈmɪdnaɪt] 자정　**pint of** [paɪnt ʌv] 파인트(액체 측정 단위)의

쉬 / 샤를 아즈나부르

작곡 샤를 아즈나부르, 허버트 크레츠머 **노래** 샤를 아즈나부르 **국적** 프랑스 **발표** 1974 **장르** 발라드

0:09　may [meɪ] ~할 것 같다　trace [treɪs] 흔적　pleasure [ˈplɛʒər] 즐거움
　　　regret [rɪˈgrɛt] 후회　treasure [ˈtrɛʒər] 보물　price [praɪs] 값, 대가

0:24　song [sɔŋ] 노래　summer [ˈsʌmər] 여름　chill [ʧɪl] 쌀쌀함　autumn [ˈɔːtəm] 가을
　　　hundred [ˈhʌndrəd] 백 가지　different [ˈdɪfərənt] 다른　measure [ˈmɛʒər] 척도

0:42　beauty [ˈbjuti] 아름다움　beast [biːst] 짐승　famine [ˈfæmɪn] 기근
　　　feast [fiːst] 풍요　turn [tɜːrn] 바꾸다　heaven [ˈhɛvn] 천국　hell [hɛl] 지옥

0:58　mirror [ˈmɪrər] 거울　dreams [drimz] 꿈들　smile [smaɪl] 미소　reflected [rɪˈflɛktɪd] 반영된
　　　stream [striːm] 시냇물　shell [ʃɛl] 껍질

1:14　reason [ˈriːzn] 이유　survive [sərˈvaɪv] 생존하다　wherefore [ˈwɛrˌfɔr] 왜
　　　care [kɛr] 돌보다　rough [rʌf] 거친, 힘든　rainy [ˈreɪni] 비오는　laughter [ˈlæftər] 웃음
　　　tears [tɪrz] 눈물　souvenirs [ˌsuːvəˈnɪrz] 기념품들　meaning [ˈmiːnɪŋ] 의미　life [laɪf] 생명

아이 원트 잇 댓 웨이 / 백스트리트 보이스

작곡 맥스 마틴, 안드레아스 칼슨 **노래** 백스트릿 보이스 **국적** 미국 **발표** 1999 **장르** 팝, 보이 밴드

0:14　fire [ˈfaɪər] 불　desire [dɪˈzaɪər] 염원　apart [əˈpɑːrt] 떨어져서　reach [riːʧ] 닿다
　　　heart [hɑːrt] 마음

0:48　tell [tɛl] 말하다　why [waɪ] 왜　nothing [ˈnʌθɪŋ] 아무것도 없음
　　　heartache [ˈhɑːrtˌeɪk] 가슴 아픔　mistake [mɪˈsteɪk] 실수　never [ˈnɛvər] 결코
　　　wanna [ˈwɑːnə] ~하기를 원하다　hear [hɪr] 듣다

1:52　used to [juzd tu] ~하곤 했다　distance [ˈdɪstəns] 거리　deep [diːp] 깊은　inside [ˌɪnˈsaɪd] 안쪽

I Will / **The Beatles**

아이 윌 / 비틀즈

가사/듣기

작곡 폴 매카트니, 존 레논 **노래** 비틀즈 **국적** 영국 **발표** 1968 **장르** 록, 팝

0:00   how [haʊ] 어떻게, 얼마나   long [lɔŋ] 오래   love [lʌv] 사랑하다   still [stɪl] 여전히
wait [weɪt] 기다리다   lonely [ˈloʊnli] 외로운   lifetime [ˈlaɪftaɪm] 일생
if [ɪf] 만약 ~한다면   want [wɑnt] 원하다   me [miː] 나를

0:23   ever [ˈɛvər] 언제나, 한 번도   saw [sɔː] 보았다   catch [kætʃ] 잡다   name [neɪm] 이름
matter [ˈmætərd] 중요하다   always [ˈɔːlweɪz] 항상   feel [fiːl] 느끼다

0:50   together [təˈgeðər] 함께   apart [əˈpɑrt] 멀리

Holiday / **Bee Gees**

홀리데이 / 비지스

가사/듣기

32
위

2:55
★★★

작곡/노래 비지스 **국적** 영국 **발표** 1967 **장르** 바로크 팝

0:07   holiday [ˈhɑːlə,deɪ] 휴일   such [sʌtʃ] 그런

0:25   something [ˈsʌmθɪŋ] 무언가   think [θɪŋks] 생각한다   worthwhile [,wɜːrˈθwaɪl] 가치있는
puppet [ˈpʌpɪt] 꼭두각시   smile [smaɪl] 미소

0:34   throwing [ˈθroʊɪŋ] 던지는 (것)   stone [stoʊn] 돌

0:44   funny [ˈfʌni] 재미있는   game [geɪm] 게임   believe [bɪˈliːv] 믿다   all [ɔːl] 모두
same [seɪm] 같은   can't [kænt] ~할 수 없다   just [dʒʌst] 방금   said [sed] 말했다
soft [sɔːft] 부드러운   pillow [ˈpɪloʊ] 베개   head [hed] 머리

1:02   millions [ˈmɪljənz] (수)백 만   eyes [aɪz] 눈들   blind [blaɪnd] 눈먼   someone [ˈsʌmwʌn] 누군가
unkind [ʌnˈkaɪnd] 불친절한

33 위 Honesty / **Billy Joel**

3:52
★★★★
어니스티 / 빌리 조엘

가사/듣기

작곡/노래 빌리 조엘 **국적** 미국 **발표** 1979 **장르** 팝

0:09 tenderness ['tɛndərnɪs] 애정 search [sɜːrtʃ] 찾다 hard [hɑrd] 어려운 find [faɪnd] 찾다
love [lʌv] 사랑

0:23 live [lɪv] 살다 look [lʊk] 보다 truthfulness ['truːθfəlnɪs] 진실성
might [maɪt] ~할지도 모른다 blind [blaɪnd] 눈 먼, 맹목적인

0:30 always ['ɔːlweɪz] 항상 seem [siːm] ~인 것 같다 hardly ['hɑrdli] 거의 ~하지 않다
give [gɪv] 주다

0:38 lonely ['loʊnli] 외로운 word [wɜːrd] 말 everyone ['ɛvriwʌn] 모두 untrue [ʌn'truː] 거짓된

0:51 heard [hɜːrd] 들었다 mostly ['moʊstli] 대부분 need [niːd] 필요하다

1:09 sympathize ['sɪmpə,θaɪz] 동정하다 wear [wɛr] 입다 heart [hɑrt] 마음 sleeve [sliːv] 소매

My Way / Frank Sinatra

작곡 클로드 프랑소와, 장 플라멩, 에드워드 루르츠 **노래** 프랑크 시나트라
국적 미국 **발표** 1969 **장르** 팝, 재즈

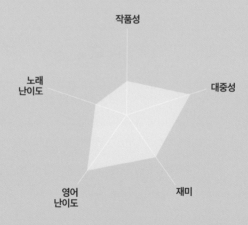

작품성

대중성

노래
난이도

재미

영어
난이도

마이 웨이 / 프랭크 시나트라

Frank Sinatra

이탈리아계의 미국인으로, 3번의 최고의 남자 보컬 상과, 3번의 올해의 앨범 상 등, 그래미 상을 13회나 받은 가수이자 연기자이다. 1953년의 영화 '지상에서 염원으로(From Here to Eternity)' 에서 이탈리아계 미국인 병사로 출연하여 오스카(아카데미) 남우조연상을 수상한다.

My Way

폴 앵카가 곡을 사서 영어로 개사한 뒤 프랭크 시나트라에게 준 곡이다. 절정을 향해 고조되는 분위기의 구성과 라임을 맞춘 가사가 인상적이다. 가사는 실제 프랭크 시나트라의 인생을 반영해 만들었다고 한다. 마치 인생의 마지막에서 스스로를 돌아볼 때, 그래도 멋있게 살았다고 얘기하는 것 같다. 인생에서 어떤 점을 특히 멋있다고 하는 걸까? 내 방식이란 어떤 방식을 말하는 걸까?

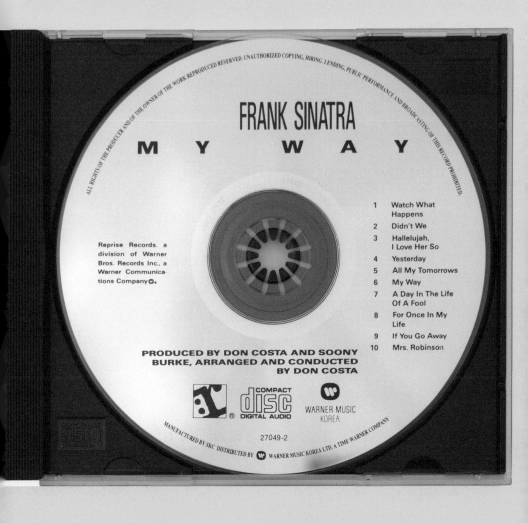

FRANK SINATRA

M Y W A Y

Reprise Records, a division of Warner Bros. Records Inc., a Warner Communications Company ®.

1	Watch What Happens
2	Didn't We
3	Hallelujah, I Love Her So
4	Yesterday
5	All My Tomorrows
6	My Way
7	A Day In The Life Of A Fool
8	For Once In My Life
9	If You Go Away
10	Mrs. Robinson

PRODUCED BY DON COSTA AND SOONY BURKE, ARRANGED AND CONDUCTED BY DON COSTA

COMPACT disc DIGITAL AUDIO

WARNER MUSIC KOREA

MANUFACTURED BY SKC DISTRIBUTED BY W WARNER MUSIC KOREA LTD. A TIME-WARNER COMPANY

27049-2

34위 My Way
4:36

0:06 And now, the _____ is near.
앤ㄷ 나우 디 ____ 디ㅈ 니얼

And so I face the final _____.
앤 쏘 아이 페이ㅆ 더 파이널

My friend, I'll say it clear.
마이 프렌ㄷ 아일 쎄잍 클리얼

I'll state my case, of which I'm certain.
아일 ㅅ테잍 마이 케이ㅆ 옵 위취 아임 썰튼

I've lived _____ that's full.
아이ㅂ 리ㅂㄷ ____ 댙ㅊ 풀

_____ each and every highway.
____ 이취 앤ㄷ 에브리 하이웨이

And more, much more than this,
앤ㄷ 모얼 머취 모얼 댄 디ㅆ

I did it my way
아이 디맅 마이 웨이

0:57 Regrets, _____ a few. But then again,
뤼ㄱ뤹ㅊ ____ 더 퓨 벝 데너갠

too few to mention.
투 퓨 투 멘션

I did what I had to do
아이 딛 와라이 핻 투 두

and saw it through without exemption
앤 써 잍 ㄸ루 위다웉 익ㄱ젬션

I planned each charted _____,
아이 플랜ㄷ 이취 찰틷

68 My Way / Frank Sinatra

내 방식으로

이제 지금, 그 끝은end 가까워.
　　　　　　　　엔

그래서 나는 마지막 장을curtain 마주하지.
　　　　　　　　컬튼

내 친구여, 나는 그것을 분명히 말할 거야.

내 경우를 말이야, 나는 그것에 대해 확신하지.

(다양한 일로) 가득찬 인생을 살아왔어a life.
　　　　　　　　　　　　　　　얼라이ㅍ

나는 각각의 (인생의) 모든 고속도로를 여행했어I've
　　　　　　　　　　　　　　　　　아이

traveled. 그리고 이보다 더욱 더 (중요한) 것은,
트뤠블ㄷ

나는 그것을 내 방식대로 한 것이지.

나는 조금 후회해I've had. 하지만 이후에 다시는,
　　　　아입　해

너무 적은 일이라 말할 필요 없지.

난 내가 해야 할 일을 했고

피하지 않고 끝까지 했지.

각각의 정해진 과정을 계획했어course,
　　　　　　　　　　콜ㅆ

▶ 라임을 맞췄다. 라임
은 각 구에서 마지막
단어의 '모음'을 일컫
는다.
near, clear
curtain, certain
highway, my way
mention, exemption
byway, my way...

each careful step along the byway
이취 케어폴 ㅅ텦 얼렁 더 바이웨이

And more, much more ⸰_____ this,
앤 모어 머취 모얼 디ㅆ

I did it my way.
아이 디맅 마이 웨이

1:46 Yes, there were times, I'm sure you knew
예ㅆ 데얼 월 타임ㅈ 아임 슈얼 유 뉴

when I bit off more than I could chew.
웨나이 빝 엎 모얼 대나이 쿤 츄

But through it all, when there was⸰ doubt
벝 ㄸ루 이럴 웬 데워ㅈ 다웉ㅌ

I ate it up and spit it out. I faced it all
아이 에이리맆 앤 ㅅ피리라웉 아이 페이ㅆ디럴

and I stood tall. And did it my way.
앤 다이 ㅅ툴 털 앤 디맅 마이 웨이

2:24 I've loved, I've ⸰_____ ⸎ and cried.
아이ㅂ 러ㅂㄷ 아입 탠 ㅋ라이ㄷ

I've had my fill, my share of losing
아입 핸 마이 필 마이 쉐얼 옵 루징

And now, as ⸰_____ subside
앤ㄷ 나우 애ㅈ 썹싸이ㄷ

I find it all so amusing. To think I did all that,
아이 파인딭 얼 쏘 어뮤징 투 띵(ㅋ)아이 디럴 댈

and may I say — not in a shy way.
앤 메이 아이 쎄이 낱 이너 샤이 웨이

Oh no, oh no, not me, I did it my way.
오우 노우 오 노우 낱 미 아이 디맅 마이 웨이

각각의 샛길을 따라 조심스러운 단계를 말이야.

그리고 이것보다than 더, 더욱 중요한 것은,
댄

내 방식대로 그것을 했다는 것이야.

맞아, (그런) 때도 있었지, 너도 알거라 확신해

내가 씹을 수 있는 것보다 지나친(감당 못할) 때를.

하지만 그 모든 것을 겪으며, 의심이 있었을 때 ▶ 데얼워ㅈ(there was)
에서 '얼'을 생략하고
난 그것을 삼킨 뒤 뱉었지. 난 그것 모두에 맞섰고 데워즈로 발음했다

당당히 섰어. 그리고 내 방식대로 그것을 했지.

난 사랑했고, 웃었고laughed 울었지. ▶▶ laughed의 gh(프)가
래ㅍ 울리지 않는 소리여
내가 원하는 만큼 가졌고, 내 몫의 실패도 가졌지. 서, ed도 '드' 대신 '트
(래프트)'로 소리냈다.
그리고 이제, 눈물이tears 가라앉으며
티얼ㅈ

그 모든 것이 아주 즐겁다는 것을 알아. 내가 한 모든 것을

생각하며, 나는 말할 거야―부끄러운 방식은 아니었다고.

아냐, (저것은) 내가 아니야. 나는 내 방식대로 했어.

3:14 For what is a man, what has he got?
폴   와리저 맨   왙   해ᄌ 히 갇

If not himself, then he has naught.
이ᄑ날 힘쎌ᄑ   덴   히 해ᄌ 낱ᇀ

To say the things, he truly feels.
투 쎄이 더 띵ᄌ   히 트룰리 필ᄌ

And not the words of one ⋮_____ kneels,
앤 낱 더 월ᄌ 옵 원   닐ᄌ

the record shows I took the blows,
더   레콘 쇼우ᄌ 아이 톡 더 블로우ᄌ

and did it my way.
앤   디맅 마이 웨이

4:14 Yes, it was my way.
예ᄊ 잍 워ᄌ 마이 웨이

왜냐하면 무엇을 남자라 하고, 그는 무엇을 가졌는가?

그가 (진정한) 자신이 아니라면, 그러면 그는 무의미하지.

그런 것들을 말할 때는, 진짜로 느끼는 것을 해야 해.

그리고 무릎 꿇는 누군가에who 대한 말이 아니야,
후

그 기록(무릎 꿇은 경험)은 내가 타격(고난)을 받은 것

을 보여주지, 그리고 내 방식대로 그것을 했다고.

맞아, 내 방식대로 말이야.

패턴 I've laughed and cried.

have 뒤에 과거분사(laughed)를 쓰면 과거에 있었던 일이지만, 그 일을 경험한 현재의 모습에 더 관심이 있을 때 쓴다(완료시제). 풀어서 해석한다면 '과거에 ~해서, 현재 ~한 상태이다'이다. I've laughed는 '나는 (과거에 웃어서 현재) 웃은 적이 있는 상태이다'를 뜻한다.

과거분사(동사+ed)는 두 가지 뜻을 가진다. 수동을 의미할 때도 있고, 완료를 의미할 때도 있다. have 없이 단독으로 완료를 의미하는 경우는 매우 드물기에, 일단은 과거분사 앞에 have를 쓴 경우만 '과거에 ~해서, 현재 ~한 상태이다'를 뜻한다고 보면 된다.

① 그것은 일 년이나 됐어.   80,700,000 회
힌트 been 발췌 Last Christmas

누가+상태모습 _____ 상태모습 _____ 어떤 _____ 어떤 _____

② 또 다른 하루가 갔지요.   970,000 회
힌트 another 발췌 You Are Not Alone

_____ 누가 _____ 누가 _____ 한다 _____ 한다 _____

③ 당신은 저의 영감이었지요.   205,000 회
힌트 inspiration 발췌 Because You Loved Me

누가+상태모습 _____ 상태모습 _____ 어떤 _____ 어떤 _____

정답 ① it's been a year. ② Another day has gone. ③ You've been my inspiration.

I'm sorry to cough a lot. 기침 많이해서 미안해.
I think I'm OK. 내 생각에 나는 괜찮아.

But it's been a year. 하지만 일 년 됐잖아.
It could be a serious disease. 그것은 심각한 질병일 수도 있어.

그것은 잠시 동안이었어.   It's been a while. (4)

그것은 오랜 시간이었(흘렀)어.   It's been a long time. (5)

그것은 긴 하루였어.   It's been a long day. (6)

35위 Smooth / **Santana & Rob Thomas**

4:56
★★★

스무스 / 산타나 & 롭 토마스

가사/듣기

작곡 롭 토머스, 이탄 에수아리 **노래** 산타나 & 롭 토마스 **국적** 미국 **발표** 1999 **장르** 라틴 팝

0:18 inches ['ɪntʃɪz] 인치 midday ['mɪd,deɪ] 정오 tenderness ['tɛndərnɪs] 애정 sun [sʌn] 태양
whisper ['wɪspər] 속삭임 melt [mɛlt] 녹다 everyone ['ɛvrɪwʌn] 모두 cool [kul] 시원한

0:35 muñequita [mu:nɪ'kɪtə] 인형 Harlem ['hɑːrləm] 할렘 Mona Lisa ['moʊnə 'liːsə] 모나리자
reason ['riːzn] 이유

0:47 step [stɛp] 걸음 groove [gruv] 그루브 life [laɪf] 삶 better [bɛtər] 더 좋은 suit [suːt] 정장
mood [muːd] 기분 smooth [smuːð] 부드러운

1:13 ocean ['oʊʃən] 바다 moon [mun] 달 emotion [ɪ'moʊʃən] 감정 get [gɛt] 얻다
loving ['lʌvɪŋ] 사랑하는 (것) heart [hɑːrt] 마음 real [riːl] 진짜 forget [fər'gɛt] 잊다

1:40 shame [ʃeɪm] 부끄러움 breath [brɛθ] 숨 world [wɜːrld] 세상 call out [kɔːl aʊt] 외치다
name [neɪm] 이름

36위 I'll Be There / **Mariah Carey**

4:25
★★★★

아일 비 데어 / 머라이어 캐리

가사/듣기

작곡 베리 고디, 밥 웨스트, 할 데이비드 **노래** 머라이어 캐리 **국적** 미국 **발표** 1992 **장르** 팝, R&B

0:16 pact [pækt] 약속 salvation [sæl'veɪʃən] 구원

0:38 reach [riːtʃ] 도달하다 hand [hænd] 손 faith [feɪθ] 믿음 call [kɔːl] 부르다

1:02 comfort ['kʌmfərt] 위로하다 build [bɪld] 짓다 world [wɜːrld] 세상
dreams [driːmz] 꿈들 glad [glæd] 기뻐하는 found [faʊnd] 찾았다 strong [strɔːŋ] 강한
strength [strɛŋθ] 힘 holding ['hoʊldɪŋ] 붙잡는 (것)

1:26 fill [fɪl] 채우다 joy [dʒɔɪ] 기쁨 laughter ['læftər] 웃음 togetherness [tə'gɛðərnɪs] 단결

1:48 protect [prə'tɛkt] 보호하다 unselfish [ʌn'sɛlfɪʃ] 이기적이지 않은 respect [rɪ'spɛkt] 존경하다

3:46 look over [lʊk 'oʊvər] 살펴보다 shoulder ['ʃoʊldər] 어깨

37위 Tears in Heaven / Eric Clapton

4:32
★★★

티어즈 인 헤븐 / 에릭 클랩튼

가사/듣기

작곡 에릭 클랩튼, 윌 제닝스 **노래** 에릭 클랩튼 **국적** 영국 **발표** 1992 **장르** 록, 어쿠스틱

0:13 　know [noʊ] 알다　heaven [ˈhɛvn] 천국　same [seɪm] 같은

0:38 　strong [strɔːŋ] 강한　carry [ˈkæri] 운반하다　belong [bɪˈlɔŋ] 속해 있다

1:10 　hold [hoʊld] 잡다　hand [hænd] 손　stand [stænd] 일어서다

1:42 　through [θruː] ~을 통해　stay [steɪ] 머물다

2:06 　bring [brɪŋ] 가져오다　bend [bend] 구부리다　knees [niːz] 무릎들

2:20 　break [breɪk] 부러지다　begging [ˈbegɪŋ] 간청하는

2:57 　beyond [bɪˈjɑːnd] 저 너머　door [dɔːr] 문　peace [piːs] 평화　sure [ʃʊr] 확신하다

38위 Can't Take My Eyes Off You / Morten Harket

3:43
★★★

캔트 테이크 마이 아이즈 오프 유 / 모튼 하켓

가사/듣기

작곡 밥 그류, 밥 가우디오 **노래** 모튼 하켓 **국적** 노르웨이 **발표** 1993 **장르** 팝, 록

0:16 　too [tuː] 너무　good [gʊd] 좋은　true [truː] 진실한　take [teɪk] 가져가다　eyes [aɪz] 눈들
　off [ɔːf] 떨어져서　like [laɪk] ~같은　heaven [ˈhɛvn] 천국　touch [tʌtʃ] 만지다
　wanna [ˈwɑːnə] ~하고 싶다

0:31 　hold [hoʊld] 잡다　long [lɔːŋ] 오랜　last [læst] 마지막　arrived [əˈraɪvd] 도착했어

0:47 　pardon [ˈpɑːrdn] 용서하다　stare [steər] 노려보다　compare [kəmˈpeər] 비교하다
　sight [saɪt] 시선, 시야　leave [liːv] 남기고 떠나다　weak [wiːk] 약한　speak [spiːk] 말하다
　feel [fiːl] 느끼다　real [riːl] 진짜인

1:36 　quite [kwaɪt] 상당히　trust [trʌst] 믿다

1:54 　pray [preɪ] 기도하다　found [faʊnd] 찾았다　stay [steɪ] 머물다　let [let] 허락하다

39위 I'll Be Missing You / **Puff Daddy**

5:02
★★★★★

아일 비 미싱 유 / 퍼프 대디

가사/듣기

작곡 스팅, 토드 가이더, 페이스 에반스 **노래** 퍼프 대디, 페이스 에반스 **국적** 미국 **발표** 1997 **장르** 힙합

0:10　go out [goʊ aʊt] 나가다　lost [lɔːst] 잃어버린　truly ['truːli] 진심으로　rock [rɑːk] 흔들다, 돌

laced [leɪst] (끈을) 끼워 넣었다　dough [doʊ] 반죽　notorious [noʊ'tɔːriəs] 악명 높은

0:26　ain't [eɪnt] ~이 아니다 (비표준 영어)　express [ɪk'spres] 표현하다

0:38　reminisce [ˌremɪ'nɪs] 추억하다　conceal [kən'siːl] 숨기다　breath [breθ] 숨　step [step] 걸음

1:21　bond [bɑːnd] 유대　kinda ['kaɪndə] 어느 정도 (비표준 영어, =kind of)

1:41　memories ['meməriz] 추억들　proceed [prə'siːd] 진행하다　define [dɪ'faɪn] 정의하다

turn back [tərn bæk] 돌아가다　hands of time [hændz ɒv taɪm] 시간의 흐름

kicks [kɪks] 신발 (비격식)　flicks [flɪks] 영화들 (비격식)　hits [hɪts] 히트 곡들

stages ['steɪdʒɪz] 무대들

2:42　life [laɪf] 생명　face [feɪs] 얼굴

40위 You Light Up My Life / **Kasey Cisyk**

3:35
★★

유 라이트 업 마이 라이프 / 케이시 시식

가사/듣기

작곡 조 브룩스 **노래** 케이시 시식 **국적** 미국 **발표** 1977 **장르** 발라드

0:09　sit [sɪt] 앉다　window ['wɪndoʊ] 창문　waiting ['weɪtɪŋ] 기다리는 (것)　kept [kept] 간직했다

0:27　inside [ɪn'saɪd] 안에　alone [ə'loʊn] 혼자서　dark [dɑːrk] 어둠

come along ['kʌm ə,lɔŋ] 따라오다

0:41　light up [laɪt ʌp] 밝히다　carry on ['kæri 'ɔn] 계속하다　fill [fɪl] 채우다

1:14　rolling ['roʊlɪŋ] 구르는 (것)　sea [siː] 바다　adrift [ə'drɪft] 표류하는

waters ['wɔːtərz] 수역, 영해　turning ['tɜːrnɪŋ] 돌아가는 (것)　home [hoʊm] 집

1:32　finally ['faɪnəli] 마침내

2:54　wrong [rɔːŋ] 잘못된　right [raɪt] 옳은

41^위  Imagine / **John Lennon**

3:03
★★

이매진 / 존 레논

작곡/노래 존 레논 **국적** 영국 **발표** 1971 **장르** 팝

가사/듣기

0:15 imagine [ɪˈmædʒɪn] 상상하다　heaven [ˈhɛvn] 천국　hell [hɛl] 지옥　below [bɪˈloʊ] ~아래에
sky [skaɪ] 하늘

0:40 people [ˈpipl] 사람들　living [ˈlɪvɪŋ] 살아가는 (것)

0:54 countries [ˈkʌntriz] 국가들　nothing [ˈnʌθɪŋ] 아무것도　kill [kɪl] 죽이다　die [daɪ] 죽다
religion [rɪˈlɪdʒən] 종교

1:24 peace [piːs] 평화　dreamer [ˈdriːmər] 꿈꾸는 사람

1:44 someday [ˈsʌmˌdeɪ] 언젠가　join [dʒɔɪn] 합류하다

1:56 possessions [pəˈzɛʃənz] 소유물들　greed [griːd] 탐욕　hunger [ˈhʌŋgər] 배고픔

2:27 sharing [ˈʃeərɪŋ] 공유하는 (것)

42^위 Hard to Say I'm Sorry / **Chicago**

3:40
★★★

하드 투 세이 아임 쏘리 / 시카고

작곡 피터 세테라, 데이빗 포스터 **노래** 시카고 **국적** 미국 **발표** 1982 **장르** 록

가사/듣기

0:35 holiday [ˈhɑːləˌdeɪ] 휴가

0:47 hold [hoʊld] 껴안다　hard [hɑːrd] 어려운　sorry [ˈsɔːri] 미안한　stay [steɪ] 머무르다

1:00 through [θruː] ~을 통해　make up [meɪk ʌp] 보상하다　promise [ˈprɑːmɪs] 약속하다

1:14 said [sɛd] 말했다　done [dʌn] 끝난　part [pɑːrt] 부분　let [lɛt] 허락하다, 놓다
go [goʊ] 가다

1:30 couldn't [ˈkʊdn̩t] ~할 수 없었다　stand [stænd] 서다, 견디다
kept [kept] 유지했다, (여기서는) 멀리했다　body [ˈbɑːdi] 몸

1:44 wouldn't [ˈwʊdn̩t] ~하지 않겠다　swept [swept] 쓸었다

2:13 really [ˈriːəli] 정말로　tell [tel] 말하다

3:21 lucky [ˈlʌki] 운이 좋은

43 위
Yesterday Once More / **Carpenters**

3:58
★★★
예스터데이 원스 모어 / 카펜터스

가사/듣기

작곡 리처드 카펜터, 존 베틀스 **노래** 카펜터스 **국적** 미국 **발표** 1973 **장르** 소프트 록

0:02 **when** [wɛn] 언제　**listen** ['lɪsn] 듣다　**radio** ['reɪdioʊ] 라디오
waitin' ['weɪtɪŋ] 기다리는 (=waiting)　**favorite** ['feɪvərɪt] 가장 좋아하는
played [pleɪd] 연주했다　**along** [ə'lɔːŋ] ~을 따라　**smile** [smaɪl] 미소

0:32 **wondered** ['wʌndərd] 궁금해 했다　**back** [bæk] 뒤로　**again** [ə'gɛn] 다시

0:55 **shine** [ʃaɪn] 빛나다

1:15 **breakin' (breaking)** ['breɪkɪŋ] 부수는 (것)　**heart** [hɑːrt] 심장, 마음
cry [kraɪ] 울다　**before** [bɪ'fɔːr] ~전에

1:41 **lookin'** ['lʊkɪŋ] 보는 (것) (=looking)　**changed** [tʃeɪndʒd] 바꾸었다

2:10 **memorize** ['mɛmə,raɪz] 기억하다　**melodies** ['mɛlədiz] 멜로디들　**sound** [saʊnd] 소리
melt [mɛlt] 녹다, 사라지다　**memories** ['mɛməriz] 추억들　**clearly** ['klɪrli] 명확하게

44 위
My Heart Will Go On / **Celine Dion**

4:40
★★★★
마이 하트 윌 고 온 / 셀린 디온

가사/듣기

작곡 제임스 호너 **노래** 셀린 디온 **국적** 캐나다 **발표** 1997 **장르** 발라드

0:21 **dreams** [driːmz] 꿈들　**heart** [hɑːrt] 마음

0:40 **across** [ə'krɒs] ~을 건너서　**distance** ['dɪstəns] 거리　**space** ['speɪsɪz] 공간
show [ʃoʊ] 보여주다　**go on** [goʊ ɑːn] 계속하다

1:00 **wherever** [wɛr'ɛvər] 어디든　**believe** [bɪ'liːv] 믿다

1:19 **once** [wʌns] 한번　**open** ['oʊpn] 열다　**here** [hɪər] 여기

1:48 **touch** [tʌtʃ] 만지다　**lifetime** ['laɪf,taɪm] 일생　**never** ['nɛvər] 결코 ~않다　**'til** [tɪl] ~까지
gone [gɔːn] 떠난

2:08 **true** [truː] 참된　**hold** [hoʊld] 잡다, 유지하다　**always** ['ɔːlweɪz] 항상

3:25 **fear** [fɪər] 두려워하다　**know** [noʊ] 알다

3:44 **stay** [steɪ] 머무르다　**forever** [fər'ɛvər] 영원히　**safe** [seɪf] 안전한

45 위

California Dreamin' / **The Mamas & The Papas**

2:42
★★★

캘리포니아 드리민 / 마마스 앤드 파파스

가사/듣기

작곡 존 필립스, 미셸 필립스 **노래** 마마스 앤드 파파스 **국적** 미국 **발표** 1965 **장르** 록

0:09 **leaves** [liːvz] 잎들 **brown** [braʊn] 갈색의 **gray** [greɪ] 회색의 **walk** [wɔːk] 걷다
winter ['wɪntər] 겨울

0:26 **safe** [seɪf] 안전한 **warm** [wɔːrm] 따뜻한

0:33 **California** [ˌkælɪ'fɔːrnjə] 캘리포니아 (미국의 지역) **dreamin'** ['driːmɪn] 꿈꾸는 (것) (=dreaming)
stopped [stɑːpt] 멈췄다 **church** [tʃəːrtʃ] 교회

0:46 **passed** [pæst] 지나갔다 **get down on** [get daʊn ɔn] ~에게 엎드리다 **knees** [niːz] 무릎들

0:54 **pretend** [prɪ'tend] ~하는 척하다 **pray** [preɪ] 기도하다 **preacher** ['priːtʃər] 목사
light [laɪt] 켜다 **coals** [koʊlz] 숯들 **gonna** [ɡɑːnə] ~하려고 하다 (going to의 줄임말)

2:07 **tell** [tel] 말하다 **could** [kʊd] ~할 수도 있다 **leave** [liːv] 떠나다 **today** [tə'deɪ] 오늘

 46 위

Nothing's Gonna Change My Love for You

4:03
★★★

/ **George Benson** 낫띵스 고너 체인지 마이 러브 포 유 / 조지 벤슨

가사/듣기

작곡 마이클 매서, 게리 고핀 **노래** 조지 벤슨 **국적** 미국 **발표** 1985 **장르** 알앤비, 소울

0:17 **near** [nɪər] 가까이에 **empty** ['empti] 비어있는 **seem** [siːm] ~처럼 보이다 **long** [lɔːŋ] 긴

0:32 **forever** [fər'evər] 영원히 **clearly** ['klɪərli] 명확하게 **might** [maɪt] ~할지도 모른다
might have been [maɪt hæv biːn] ~였을지도 모른다 **strong** [strɔːŋ] 강한

0:46 **dreams** [driːmz] 꿈들 **young** [jʌŋ] 젊은 **know** [noʊ] 알다 **take** [teɪk] 데려가다
hold [hoʊld] 잡다, 안아주다 **touch** [tʌtʃ] 만지다

1:02 **change** [tʃeɪndʒ] 바꾸다 **oughta** [ɔːtə] ~해야 한다 (ought to의 은어) **now** [naʊ] 지금
thing [θɪŋ] 것 **sure** [ʃʊər] 확신하는 **ask** [æsk] 요구하다 **more** [mɔːr] 더

1:34 **road** [roʊd] 길 **ahead** [ə'hed] 앞에 **easy** ['iːzi] 쉬운 **lead** [liːd] 이끌다

47 Love / John Lennon

3:21
★★
러브 / 존 레논

가사/듣기

작곡/노래 존 레논 **국적** 영국 **발표** 1970 **장르** 팝

0:36 love [lʌv] 사랑 is [ɪz] ~상태이다 real [riːl] 실제의 feeling [ˈfiːlɪŋ] 감정

1:00 wanting [ˈwɒntɪŋ] 원하는 (것) to [tuː] ~에게 be [biː] ~상태이다 loved [lʌvd] 사랑받은

1:13 touch [tʌtʃ] 만지다 reaching [ˈriːtʃɪŋ] 도달하는 (것)

1:36 asking [ˈɑːskɪŋ] 부탁하는 (것)

1:48 you [juː] 너 and [ænd] 그리고 me [miː] 나

2:00 knowing [ˈnoʊɪŋ] 아는 (것) we [wiː] 우리 can [kæn] ~할 수 있다

2:11 free [friː] 자유로운 living [ˈlɪvɪŋ] 살아가는 (것) needing [ˈniːdɪŋ] 필요로 하는 (것)

48 Careless Whisper / Wham!

6:32
★★★★
캐어리스 위스퍼 / 왬

가사/듣기

작곡 조지 마이클, 안드루 리지리 **노래** 왬 **국적** 영국 **발표** 1984 **장르** 팝, 소울

0:38 careless [ˈkeəlɪs] 부주의한 mend [mend] 수리하다 whispers [ˈwɪspərz] 속삭임들
ignorance [ˈɪgnərəns] 무지 comfort [ˈkʌmfərt] 위안

1:53 unsure [ʌnˈʃʊər] 불확실한 lead [liːd] 이끌다 dance floor [dæns flɔːr] 춤추는 공간

2:12 silver screen [ˈsɪlvər skriːn] 실버 스크린 (영화 상영용 천) good-byes [gʊdˈbaɪz] 작별 인사들

2:19 guilty [ˈgɪlti] 죄책감이 든, 유죄의 rhythm [ˈrɪðm] 리듬 pretend [prɪˈtend] 가장하다
cheat [tʃiːt] 속이다 waste [weɪst] 낭비하다

4:11 loud [laʊd] 큰 소리인 lose [luːz] 잃다 crowd [kraʊd] 군중 hurt [hɜːrt] 상처 주다

4:24 together [təˈgeðər] 함께 forever [fəˈrevər] 영원히 please [pliːz] 제발

5:15 gone [gɔːn] 떠나간 wrong [rɔːŋ] 잘못된 leave [liːv] 떠나다

49위 Always / **Bon Jovi**

5:53
★★★★

올웨이즈 / 본조비

가사/듣기

작곡/노래 본조비 **국적** 미국 **발표** 1994 **장르** 록

0:21 **bleeding** ['bli:dɪŋ] 피를 흘리는 (것)   **feelings** ['fi:lɪŋz] 감정들

0:37 **drowning** ['draʊnɪŋ] 익사하는 (것)   **flood** [flʌd] 홍수   **fighter** ['faɪtər] 싸움꾼

0:51 **meant to be** [mɛnt tu: bi:] ~하도록 되어 있는   **guess** [ɡɛs] 추측하다

1:54 **memories** ['mɛmərɪz] 기억들   **different** ['dɪfərənt] 다른   **laugh** [læf] 웃다   **cry** [kraɪ] 울다

2:03 **fingers** ['fɪŋɡərz] 손가락들   **prayers** [preərz] 기도들   **mistake** [mɪ'steɪk] 실수

2:20 **needing** ['ni:dɪŋ] 필요로 하는 (것)   **'til** [tɪl] ~까지   **heaven** ['hɛvən] 천국   **burst** [bɜːrst] 터지는

rhyme [raɪm] 라임, 운(라임)을 맞추다   **mind** [maɪnd] 마음

3:50 **ain't** [eɪnt] ~이 아니다 (비표준어)   **loaded** ['loʊdɪd] 충전된, 장전된   **dice** [daɪs] 주사위

dreams [dri:mz] 꿈들   **shine** [ʃaɪn] 빛나다

50위 Take On Me / **A-ha**

3:47
★★★

테이크 온 미 / 아하

학습 자료
가사/듣기

작곡 마그네 푸루홀멘, 모튼 하켓, 폴 왁타 사보이 **노래** 아하 **국적** 노르웨이 **발표** 1984 **장르** 신스팝 50

0:35 **talking** ['tɔ:kɪŋ] 이야기하는 (것)   **away** [ə'weɪ] 멀리   **anyway** ['ɛni,weɪ] 어쨌든

0:46 **shying** ['ʃaɪɪŋ] 수줍어하는 (것)   **take on** [teɪk ɑ:n] 맡다 (곡의 맥락상은 받다)   **gone** [ɡɔ:n] 사라진

1:17 **needless** ['ni:dləs] 불필요한   **odds** [ɑdz] 가능성   **end** [ɛnd] 끝(나다)

stumbling ['stʌmbəlɪŋ] 비틀거리는, 헤매는 (것)

1:23 **slowly** ['sloʊli] 천천히   **learning** ['lər:nɪŋ] 배우는 중인 (것)   **life** [laɪf] 생활, 인생

1:29 **better** ['bɛtər] 더 좋은   **safe** [seɪf] 안전한   **sorry** ['sɑːri] 미안한

2:34 **things** [θɪŋz] 것들   **worries** ['wər:iz] 걱정들   **remember** [rɪ'mɛmbər] 기억하다

51위

I.O.U. / Lee Greenwood

작곡 케리 치터, 오스틴 로버츠 **가수** 리 그린우드 **국적** 미국 **발표** 1983 **장르** 컨트리, 소프트 락

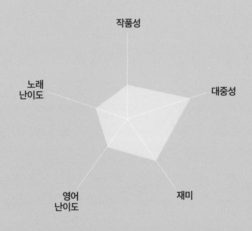

작품성

대중성

노래
난이도

재미

영어
난이도

아이 오우 유 / **리 그린우드**

Lee Greenwood

미국의 컨트리 가수이자 작곡가로, 미국에서 가장 유명한 곡은 God Bless
the USA으로 국가적인 위기가 있을 때마다 여러 번 연주됐다. 또한 많은 다
른 가수에 의해 리메이크됐다.

I.O.U.

리 그린우드가 그래미에서 최고의 컨트리 보컬 상을 수상하게 해준 곡이
다. 한국에서는 리 그린우드의 원곡보다 '캐리&론'이 부른 버전이 유명하
다. 이 버전이 드라마 '애인(1996)'의 주제곡으로 쓰였기 때문이다. 책에는
비슷한 느낌인 경우에는 원곡을 넣는게 더 맞다고 생각해서 원곡을 넣었다.
I.O.U.에서 O는 owe(빚지다, 신세지다)를 의미하고, U는 you를 의미한다.
그런데 가사에서는 U(you)가 누구인지 정확히 알 수는 없다. 과연 누구에
게 말하는 것이고, 무엇을 빚졌다고 하는 걸까?

LEE GREENWOOD
SOMEBODY'S GONNA LOVE YOU

1 **I.O.U.** (3:05)
(Kerry Chater-Austin Roberts) — BMI/ASCAP
2 **SOMEBODY'S GONNA LOVE YOU** (3:42)
(Don Cook-Rafe Van Hoy) — ASCAP/BMI
3 **GOING, GOING, GONE** (3:19)
(Jan Crutchfield) — BMI
4 **CALL IT WHAT YOU WANT TO** (It's Still Love) (3:00)
(Keith Palmer) — BMI

Panorama Records

COMPACT
disc
DIGITAL AUDIO
MCAD-5403

Manufactured in Japan for MCA
Records, Inc. 70 Universal City
Plaza, Universal City California
— U.S.A. WARNING. All rights
reserved. Unauthorized dupli-
cation is a violation of
applicable laws.
PRODUCED BY
JERRY CRUTCHFIELD
℗ 1983 MCA
Records, Inc.

5 **BARELY HOLDING ON** (2:51)
(Jan Crutchfield-Jerry Crutchfield) — BMI
6 **LOVE WON'T LET US SAY GOODBYE** (3:05)
(Jan Crutchfield-Paul Harrison) — BMI
7 **LADIES LOVE** (3:10)
(Pat McManus-Woody Bomar) — ASCAP
8 **THE WIND BENEATH MY WINGS** (3:55)
(Larry Henley-Jeff Silbar) — BMI/ASCAP
9 **THINK ABOUT THE GOOD TIMES** (3:19)
(F Aguilar-B.A. Richards-B. Hart) — BMI
10 **SOMEONE WHO REMEMBERS** (3:41)
(Glen Ballard-Rory Bourke-Kerry Chater) — ASCAP/BMI

0:17 You
유 _____

that I've _____ your life forever,
대랍 쥬어 라잎포레버

and you're never gonna find another
앤뉴어 네버 거너 파인더너덜

_____ like me.
라잌 미

0:32 And you wish
앤 유 위쉬

you had more than just a lifetime
유 핸 모얼 댄 저ㅅ터 라이프 타임

to give back all I've given you
투 깁 백 얼 아입 기븐 유

and that's _____ you believe.
앤 대ㅊ 유 빌립

0:47 But I owe you (/that I owe you / Oh, I owe you)
버라이 오우 유 대라이 오우 유 오 아 오우 유

the sunlight in the morning,
더 썬라이린 더 몰닝

and the nights of all this _____
앤 더 나이처벌 니ㅆ

that time can't take away.
댙 타임 캔트 테이커웨이

저는 당신에게 빚졌어요 (I owe you)

당신은 믿어요believe/
빌리입(ㅂ)

제가 당신의 삶을 영원히 바꿨다고요changed,
체인

그리고 당신은 절대 찾지 못할 거에요/

저와 비슷한 또 다른 누군가를요somebody.
썸바리

> ▶ life와 forever의 f가
> 충돌해서 f를 두 번(fe,
> fo) 발음하지 않고 한
> 번만 발음했다.

그리고 당신은 소망하지요/

당신이 일생이 갖는 것보다 더 갖기를요

제가 당신에게 준 모든 것을 돌려주기 위해서요

그리고 저것이 당신이 믿는 것이지요what.
왙

> ▶▶ you wish 뒤에 주어
> (you)-동사(had)로 시
> 작되므로 that이 생략
> 된 것을 알 수 있다.
> ▶▶▶ all 뒤에 that이 생략됐
> 다. that이 all을 받으
> 므로, 뒤의 문장은 의
> 미상 I've given you
> all이 된다.

하지만 (오히려) 제가 당신에게 빚졌어요

아침의 햇빛,

그리고 밤의 이 모든 사랑을요loving
러빙

시간이 빼앗을 수 없는 (사랑을요).

And I owe you
앤**다**이 오우 **유**

more than life now more than ever.
모얼 댄 **라**이프나우 모얼 댄 **에**버

I know   the sweetest debt
아 **노**우   더 ㅅ**위**리ㅅㅌ 델(ㅌ)

I'll ever have to pay.
아일 에버 해ㅂ 투 페이

1:23   I'm amazed
아임머**메**이ㅈㄷ

when you say it's me you live for.
웬듀 **쎄**이 잍ㅊ 미 유 립 폴

You   that when I'm holding you
유   댙 웨남 **호**올딩 유

you're right where you
유어 **롸**잍 웨얼 유

1:38   And my love,
앤 마이 **러**ㅂ

I can't help but smile with wonder
아 캔ㅌ **헲** 벝 ㅅ**마**일 윋 **원**덜

when you tell me all I've done for you
웬듀 텔 미 얼 아입 던 포 유

'cause I've   all along.
커ㅈ 아입   얼 얼렁

1:52   ▶

2:07   ▶

그리고 저는 빚졌어요

이생의 삶과 어떤 것 보다 더 많은 것을요.

저는 알아요 이것은 가장 달콤한 빚이라는 것을

that it's 제가 꼭 지불해야 하는.
    댙   잍츠

▶ b는 묵음이라 소리나
　 지 않는다.

저는 놀랐어요/

당신이 저를 위해 산다고 말했을 때.

제가 당신을 안을 때 알지요know
                       노

당신이 바로 그곳에 속해있다는 것을요belong.
                               빌렁

▶▶ 명사절 that으로
　 when~belong이 삽입
　 됐다.

그리고 나의 사랑,

저는 어찌할 수 없이 경이로움에 웃을 뿐이에요.

제가 당신을 위해 한 모든 것을 당신이 말했을 때

왜냐하면 저는 내내 알고known 있었거든요.
                          노운

패턴 You believe that I've changed your life. 156,000회

'누가-한다-무엇을'에서 '무엇을(목적어)'로 주로 단어(명사)를 쓰지만, '무엇을'을 문장으로 쓰고 싶을 때는 'that'을 쓴다. 그리고 that뒤에 하고 싶은 문장을 말한다. 네가 믿는(You believe) 것이 어떤 단어가 아니라 한 문장이기에 that을 썼고, 그 문장은 I've changed your life (나는 당신의 삶을 과거에 바꿔서 현재 바꾼 상태이다)이다.

모든 동사가 목적어로 that을 쓸 수 있는 것은 아니다. 예문에서는 believe를 썼는데, 이 구조로 자주 쓰는 동사로 know, think, like, hope, wish, see, hear, say, tell 등이 있다.

(1) 하지만 나는 네가 그것을 사랑한다는 (것을) 알아. 51,000,000 회
힌트 it   발췌 You And Me Song

But ___누가___ ___한다___ (that) ___누가___ ___한다___ ___무엇을___

(2) 나는 네가 저것을 싫어한 다는 (것을) 알아. 1,270,000회
힌트 hate   발췌 You And Me Song

___누가___ ___한다___ (that) ___누가___ ___한다___ ___무엇을___

(3) 나는 그것이 사실이라는 (것을) 믿을 수 없어. 652,000 회
힌트 true   발췌 You Needed Me

___누가___ ___한다___ ___한다___ (that) ___누가+상태이다___ ___어떤___

92   **정답** ① But you know (that) I love it.   ② I know (that) you hate that.   ③ I can't believe (that) it's true.

회화

I'm busy now. 나는 지금 바빠.

And I'm not good at computers. 그리고 나는 컴퓨터를 잘 못해.

I know you hate that. 나는 네가 그걸 싫어하는 것을 알아.

But no one can do this now. 하지만 지금 이걸 할 수 있는 사람이 없어.

나는 알아/ 네가 그것을 할 수 있다는 (것을).

I know you can do it.
38,700,000 회

나는 알아/ 네가 나를 좋아한 다는 (것을).

I know you like me. ⑤
20,100,000 회

나는 알아/ 네가 바쁘다는 (것을).

I know you are busy. ⑥
4,140,000 회

52위 Holiday / **Scorpions**

6:31
★★

홀리데이 / 스콜피온스

가사/듣기

작곡 클라우스 마이네, 루돌프 스케네커 **노래** 클라우스 마이네 **국적** 독일 **발표** 1979 **장르** 하드 록

0:41 　far away [fɑːr əˈweɪ] 멀리 떨어진　holiday [ˈhɑːlədeɪ] 휴일

1:04 　exchange [ɪksˈtʃeɪndʒ] 교환하다　cold [koʊld] 차가운　days [deɪz] 날들　sun [sʌn] 태양
　　　 fun [fʌn] 즐거움

2:09 　troubles [ˈtrʌblz] 고민들, 문제들　love [lʌv] 사랑　wherever [weˈrevər] 어디든

3:02 　longing [ˈlɔːŋɪŋ] 갈망하는 (것)　island [ˈaɪlənd] 섬　without [wɪˈðaʊt] ~없이
　　　 name [neɪm] 이름　welcome [ˈwelkəm] 환영받는　many [ˈmeni] 수많은
　　　 miles [maɪlz] 마일 (길이의 단위)

53위 Desperado / **Eagles**

3:33
★★★

데스페라도 / 이글스

가사/듣기

작곡 글렌 프레이, 돈 헨리 **노래** 돈 헨리 **국적** 미국 **발표** 1973 **장르** 록, 컨트리

0:20 　desperado [ˌdespəˈrɑːdoʊ] 무법자, 외톨이　senses [ˈsensɪz] 감각들　ridin' [ˈraɪdɪn] 타는 (것)
　　　 fences [ˈfensɪz] 울타리들

0:40 　reasons [ˈriːznz] 이유들　pleasin' [ˈpliːzɪn] 기쁘게 하는 (것)　somehow [ˈsʌmˌhaʊ] 어떻게든

0:55 　draw [drɔː] 그리다　diamonds [ˈdaɪəməndz] 다이아몬드들　able [ˈeɪbl] 할 수 있는
　　　 heart [hɑːrt] 마음, 심장　bet [bet] 내기

1:14 　laid [leɪd] 놓인　table [ˈteɪbl] 탁자　get [get] 얻다

1:29 　younger [ˈjʌŋgər] 더 젊은　hunger [ˈhʌŋgər] 배고픔　drivin' [ˈdraɪvɪn] 운전하는 (것)
　　　 freedom [ˈfriːdəm] 자유　talkin' [ˈtɔːkɪn] 이야기하는 (것)　prison [ˈprɪzən] 감옥

2:00 　cold [koʊld] 찬　winter [ˈwɪntər] 겨울　losin' [ˈluːzɪn] 잃는　funny [ˈfʌni] 웃긴

2:39 　gate [geɪt] 문　rainin' [ˈreɪnɪn] 비오는　rainbow [ˈreɪnboʊ] 무지개

54 위 ## 25 Minutes / **Michael Learns To Rock**

4:18
★★★

25분 / 마이클 런스 투 락

가사/듣기

작곡 아샤 리히터 **노래** 마이클 런스 투 락 **국적** 덴마크 **발표** 1995 **장르** 팝

0:11 finally ['faɪnəli] 마침내 made up [meɪd ʌp] 결정했다

0:34 searching ['sɜːrʃɪŋ] 찾고 있는 (것) everywhere ['ɛvri,wɛr] 모든 곳에

0:56 standing ['stændɪŋ] 서 있는 (것) church [ʧɜːrʧ] 교회 place [pleɪs] 장소 town [taʊn] 마을
search [sɜːrʧ] 찾다 wedding ['wɛdɪŋ] 결혼 dress [drɛs] 드레스 crying ['kraɪɪŋ] 우는

1:20 missed [mɪst] 그리워했다 minute ['mɪnɪt] 분 late [leɪt] 늦은 travelled ['trævld] 여행했다

1:44 against [ə'gɛnst] 반대로 wind [wɪnd] 바람 wishing ['wɪʃɪŋ] 바라는 friends [frɛndz] 친구들

2:55 streets [striːts] 거리들 hungry ['hʌŋgri] 배가 고픈 hearts [hɑːrts] 심장들 eat [iːt] 먹다

3:07 inside [ɪn'saɪd] 안에 head [hɛd] 머리 hear [hɪr] 듣다 words [wɜːrdz] 단어들
said [sɛd] 말했다 still [stɪl] 여전히

 55 위 ## Unbreak My Heart / **Toni Braxton**

4:25
★★

언브레이크 마이 하트 / 토니 브랙스톤

가사/듣기

작곡 다이안 워렌 **노래** 토니 브랙스톤 **국적** 미국 **발표** 1996 **장르** R&B, 소울

0:21 pain [peɪn] 고통 rain [reɪn] 비 smile [smaɪl] 미소 tears [tɪərz] 눈물들

0:37 arms [ɑːrmz] 팔들 unkind [ʌn'kaɪnd] 무정한 beside [bɪ'saɪd] 옆에

0:53 un-break [ʌn'breɪk] (부숴진 것을 다시) 고치다 heart [hɑːrt] 마음 undo [ʌn'duː] 되돌리다
hurt [hɜːrt] 상처 door [dɔːr] 문 life [laɪf] 인생 cried [kraɪd] 울었다

1:31 take back [teɪk bæk] 되돌리다 goodbye [gʊd'baɪ] 작별인사 joy [ʤɔɪ] 기쁨
kiss [kɪs] 키스하다 forget [fər'gɛt] 잊다 cruel [kruːəl] 잔인한 without [wɪ'ðaʊt] ~ 없이

3:40 baby ['beɪbi] 자기, 아기 sweet [swiːt] 달콤한
darlin' ['dɑːrlɪn] 달링 (사랑하는 사람을 가리키는 애칭) can't [kænt] ~할 수 없다

56 위 Don't Speak / No Doubt

4:23
★★★

가사/듣기

돈 스피크 / 노 다웃

작곡 그웬 스테파니, 에릭 스테파니 **노래** 그웬 스테파니 **국적** 미국 **발표** 1995 **장르** 얼터너티브 록

0:08   used to [juːzd tuː] ~하곤 했다   together [təˈgɛðər] 함께   losing [ˈluːzɪŋ] 잃는 (것)
believe [bɪˈliːv] 믿다

0:32   though [ðoʊ] ~할 지라도   let go [lɛt goʊ] 놓아주다   real [riːl] 진짜의

0:45   speak [spiːk] 말하다   explaining [ɪkˈspleɪnɪŋ] 설명하는 (것)   hurt [hɜːrts] 상처 주다
thinkin' [ˈθɪŋkɪn] 생각하는 (것)   reasons [ˈriːznz] 이유들

1:10   memories [ˈmɛməriz] 추억들   inviting [ɪnˈvaɪtɪŋ] 매력적인   altogether [ɔːlˈtəgɛðər] 완전히
mighty [ˈmaɪti] 굉장히, 강력한   frightening [ˈfraɪtənɪŋ] 무서운   die [daɪ] 죽다

2:01   ending [ˈɛndɪŋ] 끝나는 (것)   pretending [prɪˈtɛndɪŋ] 가장하고 있는 (것)
dying [ˈdaɪɪŋ] 죽어가는 (것)

3:37   real good [riːl gʊd] 정말 좋은   hush [hʌʃ] 조용히   darlin' [ˈdɑːrlɪn] 달링 (사랑하는 사람의 애칭)

57 위 Endless Love / Lionel Richie & Diana Ross

4:19
★★★

가사/듣기

엔드리스 러브 / 라이오넬 리치 & 다이애나 로스

작곡 라이오넬 리치 **노래** 라이오넬 리치 & 다이애나 로스 **국적** 미국 **발표** 1981 **장르** 소울, R&B

0:06   only [ˈoʊnli] 오직   bright [braɪt] 밝은

0:25   breath [brɛθ] 숨   step [stɛp] 걸음

0:37   share [ʃer] 공유하다   else [ɛls] 다른, 그 밖의   eyes [aɪz] 눈들   care [ker] 신경쓰다
always [ˈɔːlweɪz] 항상   endless [ˈɛndlɪs] 끝없는

1:30   hearts [hɑːrts] 마음들   beat [biːt] 뛰다   begun [bɪˈgʌn] 시작된   forever [fəˈrɛvər] 영원히
hold [hoʊld] 꼭 잡다   arms [ɑːrmz] 팔들   resist [rɪˈzɪst] 저항하다   charms [ʧɑːrmz] 매력들

2:05   fool [fuːl] 바보   sure [ʃʊr] 확신하는   mind [maɪnd] 신경 쓰다

2:27   mean [miːn] 의미하다   world [wɜːrld] 세상   found [faʊnd] 찾았다

3:31   deny [dɪˈnaɪ] 부인하다   inside [ɪnˈsaɪd] 안에   give [gɪv] 주다

58위 The Greatest Love of All / **Whitney Houston**

4:47
★★★
더 그레이테스트 러브 오브 올 / 휘트니 휴스턴

가사/듣기

작곡 마이클 매서 **노래** 휘트니 휴스턴 **국적** 미국 **발표** 1986 **장르** R&B, 소울

0:19　children ['tʃɪldrən] 아이들　future ['fjuːtʃər] 미래　possess [pəˈzɛs] 소유하다

0:32　pride [praɪd] 자부심　laughter ['lɑːftər] 웃음　remind [rɪˈmaɪnd] 상기시키다

0:48　searching ['sərtʃɪŋ] 검색하는 (것)　hero ['hiroʊ] 영웅　fulfill [folˈfɪl] 충족시키다
　　　lonely ['loʊnli] 외로운　depend [dɪˈpɛnd] 의존하다

1:13　shadows ['ʃædoʊz] 그림자들　dignity ['dɪgnɪti] 존엄성

1:32　greatest ['greɪtɪst] 가장 큰　happening ['hæpnɪŋ] 일어나는 (것)

1:54　inside [ɪnˈsaɪd] 내부에

2:04　achieve [əˈtʃiːv] 달성하다　learning ['lərnɪŋ] 배우는 (것)　yourself [jərˈsɛlf] 너 자신을

4:07　chance [tʃæns] 기회　special ['spɛʃəl] 특별한　dreaming ['driːmɪŋ] 꿈꾸는 (것)
　　　lead [liːd] 이끌다　strength [strɛŋkθ] 힘

59위 The Sound of Silence / **Simon & Garfunkel**

3:05
★★★★
더 사운드 오브 사일런스 / 사이먼 앤 가펑클

가사/듣기

작곡/노래 폴 사이먼 **국적** 미국 **발표** 1964 **장르** 포크 록

0:04　darkness ['dɑːrknɪs] 어둠　vision ['vɪʒən] 시야, 환상　creeping ['kriːpɪŋ] 기어가는 (것)
　　　seeds [siːdz] 씨앗들　planted ['plæntɪd] 심어진　remain [rɪˈmeɪn] 남아있다
　　　silence [saɪləns] 침묵

0:38　restless ['rɛstlɪs] 불안한　cobblestone ['kɑːblˌstoʊn] 돌로 된 길　halo ['heɪloʊ] 후광
　　　streetlamp ['striːtlæmp] 가로등　collar ['kɒlər] 옷깃　stabbed [stæbd] 찔려진
　　　neon ['niːɑːn] 네온　naked ['neɪkɪd] 벌거벗은

1:38　dared [dɛərd] 감히 ~했다　cancer ['kænsər] 암

2:05　raindrops ['reɪndrɑːps] 빗방울들　echoed ['ɛkoʊd] 메아리쳤다　wells [wɛlz] 우물들

2:21　bowed [baʊd] 숙였다　flashed [flæʃt] 번쩍였다　prophets ['prɑːfɪts] 예언자들
　　　subway ['sʌbˌweɪ] 지하철　tenement ['tɛnəmənt] 공동 주택　whispered ['wɪspərd] 속삭였다

한국인이 좋아하는 팝송

6◆위

Piano Man / Billy Joel

작곡/노래 빌리 조엘 **국적** 미국 **발표** 1973 **장르** 소프트 록, 팝

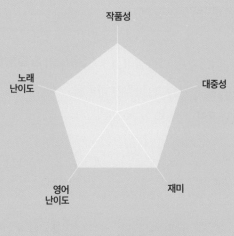

피아노 맨 / **빌리 조엘**

Billy Joel / Piano Man
COMPACT
disc
DIGITAL AUDIO
DIGITALLY MASTERED
ANALOG RECORDING

Billy Joel

작곡가이자 가수인 빌리 조엘은 5번의 그래미 상을 비롯해 많은 상을 받았고, 업타운 걸(Uptown Gir), 저스트 웨이 유 얼(Just the Way You Are) 등 다양한 장르의 히트곡을 냈다. 다만, 세 번의 결혼과 이혼, 알콜 중독, 우울증 등으로 개인 생활은 순탄하지 않았다.

Piano Man

빌리 조엘의 곡중에 가장 유명한 곡으로, 1972년에 L.A.의 술집에서 빌리 조엘이 피아노 맨으로 활동하며 만든 작품이다. 토요일에 찾아온 술집의 단골들의 애환을 피아노 맨의 시선으로 세련되게 묘사했고, 이후 그들이 하는 말로 구성했다. 단골들 모두 꿈이 있지만 현실에서는 이룰 수 없다. 어쩌면 평생 피아노를 쳤지만, 결국은 술집에서 팁을 받아 생활했던 당시의 빌리 조엘 스스로를 빗댄 이야기는 아닐까?

BILLY JOEL
PIANO MAN

1. TRAVELIN' PRAYER
2. PIANO MAN
3. AIN'T NO CRIME
4. YOU'RE MY HOME
5. THE BALLAD OF BILLY THE KID

COLUMBIA

Family Productions

CK 32544
DIDP 50109

6. WORSE COMES TO WORST
7. STOP IN NEVADA
8. IF I ONLY HAD THE WORDS (To Tell You)
9. SOMEWHERE ALONG THE LINE
10. CAPTAIN JACK
— B. Joel —

℗ 1973 CBS Inc.

"COLUMBIA," ⟨CB⟩ ARE TRADEMARKS OF CBS INC. / MADE IN U.S.A.

60위 Piano Man

5:36

0:31 It's nine o'clock on a _____.
일츠　　나이너클락거너

The regular crowd shuffles in.
(더)　레귤럴　ㅋ라우ㄷ　셔플진

There's an old man _____ next to me,
데어전　올　맨　　　　　　　넥쓰투　미

makin' love to his tonic and gin.
메이킨　러ㅂ　투　히즈　터닉갠　쥔

He says, "Son, can you play me a memory?
히　쎄즈　썬　캔듀　플레이　미　어　메모리

I'm not really sure how it goes,
암　낫　륄리　슈얼　하우　잍　고우즈

but it's _____ and
버맅츠　　　　　　　　든

it's _____ and I knew it complete
잍츠　　　　　　　태나이　누　잍　컴플맅ㅌ

when I wore a younger man's clothes."
웬아　워러　영거　맨즈　클로우즈

La la la, li li la. La la, li li la la lam
라　랄라　릴리라　라　라　릴리라라　람

1:27 Sing us a song, you're the piano man.
씽　어써　쌩　유어　더　피아노　맨

Sing us a song tonight. Well, we're all in the mood
씽　어써　쌩　투나잍　웰　위얼　얼인더　무ㄷ

for a _____. And you've got us feelin' alright.
폴러　　　　　　　앤　윱　가러쓰　필린　얼라잍

102 Piano Man / Billy Joel

피아노 치는 남자

토요일Saturday 일곱 시 정각이에요.
쌔러데이

정기적으로 오는 손님들이 뒤섞여 있지요.

한 나이든 남자가 제 옆에 앉아 있네요sitting,
씨른

그의 진토닉(술)과 사랑하면서요.

그는 말해요, "자네, 나에게 추억을 연주해줄 수 있어?

그게 어떻게 되는지 정확히 확신은 못하지만,

슬프기도sad 하고
쌔

달콤하기도sweet 하지/ 난 그게 완벽하다고 생각했어
스위

내가 더 젊은이의 옷을 입고 있을 때였거든."

라랄라, 릴리라, 라라, 릴리라라 람

우리에게 노래해줘, 피아노 치는 남자.

오늘밤 노래해줘. 있잖아, 우리 모두 선율을melody 들을
멜러디

기분이거든. 그리고 당신은 우리 기분을 좋게 해줬잖아.

▶ 콤마(,) 뒤의 '동사
+ing'는 '~하면서'를
뜻한다. 여기에서는
'만들면서'.

1:56 Now John at the bar is a friend of mine.
나우 **전** 앹 더 **발** 이저 프렌노 마인

He ____ me my ____ for free. And he's
히 미 마이 포 **프**리 앤 히즈

quick with a joke or to light up your smoke.
퀵뀌더 **죠**우ㅋ 오얼로 라이렂뷰어 ㅅ**모**욱ㅋ

But there's someplace that he'd rather be.
벝 데어ㅈ **썸**플레이쟬 히ㄷ 래더 **비**

He says, "Bill, I believe this is killing me"
히 **쎄**ㅈ **빌**라이 빌리입 디씨ㅈ **킬**링 미

as the ____ ran away from his face.
애ㅈ 더 래너**웨**이 프럼 히ㅈ **페**이ㅆ

"Well, I'm sure that I could be a movie star
웰 암 **슈**얼 대라이 **쿤** 비어 무비 ㅅ타

if I could get out of ____ place."
이**파**이 쿤 게**라**우럽 플레이ㅆ

Oh, La la la, li li la. La la, li li la la lam
오우 **라** 랄 **라** 릴리**라** 라 **라** 릴리**라** 라 **람**

2:43 Now Paul is a real estate novelist
나우 **펄**리저 리얼리ㅅ테잍 나블리ㅅㅌ

who never had time for a ____.
후 네버 핻 **타**임 포러

And he's talkin' with Davy, who's still in the Navy,
앤 히ㅈ 터킨뉟 **데**이비 후ㅅ틸린 더 **네**이비

and probably will be for life.
앤 **프라**바블리 **윌** 비 폴 라이ㅍ

And the waitress is practicing politics
앤 더 **웨**이트리씨ㅈ 프**랙**티씽 **팔**러틱ㅆ

as the businessmen ____ get stoned.
애ㅈ 더 비ㅈ니ㅈ**멘** 겥 ㅅ**토**운ㄷ

지금 긴 탁자에 있는 존은 내 친구지..

그는 나에게 공짜로 술을 줬어gets drinks. 그리고 그는
겥츠 ㄷ링쓰

농담하거나 당신의 담배 불을 붙이는 데에 빠르지.

하지만 그가 있기에 더 나은 어떤 장소가 있어.

그는 말하지, "빌, 난 이거 때문에 죽을 지경이야"

그의 얼굴에서 미소가smile 달아났을 때였어.
ㅅ마일

"있지, 난 영화 배우가 될 수도 있다고 확신해

내가 이곳에서this 나갈 수 있다면 말이야."
ㄷㅆ

라랄라, 릴리라, 라라, 릴리라라 람

지금 폴은 부동산 관련 소설가야

아내를 위한(가질 만한) 시간은 절대 없지wife.
와이ㅍ

그는 데이비랑 이야기 하는데, 그는 여전히 해군이야,

그리고 분명히 평생 그럴(해군일) 거야.

그리고 여종업원은 정치 활동을 하고 있지

사업가들이 느리게slowly 취하고 있을 때.
슬로울리

▶ 빌리 조엘의 해석에
따르면, 소설가의 꿈
을 가진 부동산 업자
를 일컫는다.

▶▶ David의 애칭으로
Davy를 쓴다. 여기에
서는 Navy와 라임(같
은 모음)을 맞추기 위
해 Davy로 썼다.

Yes, they're sharing a drink, they call loneliness.
예ㅆ 데어 **쉐**어링 어 드링크 데이 **컬** 로운리니ㅆ

But it's better _____ drinkin' alone.
버맅ㅊ 베러 ㄷ링킨널로운

3:42

4:11 It's a _____ good crowd for a Saturday.
잍처 굳 ㅋ**라**우ㄷ 포러 **쌔**러데이

And the manager gives me _____
앤 더 **매**니절 깁ㅈ 미

'cause he knows that it's me they've been comin' to see
커즈 히 **노**ㅈ 대맅ㅊ **미** 데입 빈 **커**민 투 씨

to forget about life for a while.
투 포게러**바**울 라잎 폴어 **와**일

And the piano, it sounds like a carnival.
앤 더 **피**아노 잍 **싸**운즐라이커 **카**니벌

And the microphone smells like a beer.
앤 더 **마**이ㅋ로포운 ㅅ**멜**즐라이커 **비**얼

And they sit at the bar and put bread▸ in my jar
앤 데이 **씨**랱 더 **발** 앤 풑 ㅂ레린 마이 **잘**

And say, "Man, what are you doin' here?"
앤 **쎄**이 **맨** 와럴 **유** 두인 **히**아

Oh, La la la, li li la. La la, li li la la lam
오우 **라** 랄 **라** 릴리**라** 라 **라** 릴리**라** 라 **람**

4:57

그래, 그들은 술을 나누며, 외로움을 외치지.

하지만 그게 혼자 마시는 것보다는than 나아.
댄

토요일 치고는 꽤pretty 좋은 손님들이야.
프뤼리

그리고 관리자는 나에게 웃어주지a smile
어 ㅅ마일

그는 그들이 나를 보러 오고 있다는 것을 알거든

잠시동안 삶에 대해 잊기 위해서 말이야.

그리고 피아노는, 축제처럼 소리를 내지

그리고 마이크는 맥주 같은 냄새가 나고.

그들은 술집에 앉아 내 병에 돈을 넣지.

그리고 말해, "자네, 여기서 뭐하나?"

라랄라, 릴리라, 라라, 릴리라라 람

▶ bread(빵)을 은어로
'돈'으로 쓰기도 한다.

패턴 The manager gives me a smile.

683,000회

영어에서는 '누가-한다-무엇을'구조를 철저히 지킨다. 하지만 주는 의미를 가진 동사들 중에 쉬운 동사들은 '누구에게' 주는 지에 더 관심을 갖고 있기에, '누가-한다-누구에게-무엇을'구조를 쓸 수 있다.

The manager gives me a smile는 '그 관리자가 나에게 한 웃음을 준다'인데, give는 '무엇을' 주는지보다 '누구에게'주는지 관심이 많아서 me를 먼저 쓰고, 그 뒤에 a smile을 쓴다. 물론 The manager gives a smile to me도 맞는 문장이지만, The manager gives me a smile보다 적게 쓴다. 같은 구조로 쓸 수 있는 동사는 bring, get, give, offer, remind, send, show, tell 등이 있다.

① 지난 크리스마스에, 저는 당신에게 제 마음을 주었지요.   1,450,000 회
힌트 heart 발췌 Last Christmas

Last Christmas, <u>누가</u> <u>한다</u> <u>누구에게</u> <u>무엇을</u> <u>무엇을</u>

② 당신은 저에게 소망을 주었어요.   1,210,000 회
힌트 hope 발췌 You Needed Me

<u>누가</u> <u>한다</u> <u>누구에게</u> <u>무엇을</u>

③ 저는 당신에게 아침의 햇빛을 빚졌어요.   474,000 회
힌트 owe 발췌 I.O.U.

<u>누가</u> <u>한다</u> <u>누구에게</u> <u>무엇을</u> <u>무엇을</u> in the morning.

  정답 ① Last Christmas, I gave you my heart. ② You gave me hope.

Thanks for the gift. 선물 고마워.
But I didn't do anything for you. 그런데 나는 어떤 것도 네게 해준 게 없어.

You gave me hope. 너는 나에게 소망을 줬잖아.
It was the most valuable thing. 그것이 가장 가치있는 것이지.

그는 나에게 한 반지를 줬어.

He gave me a ring. 4
2,070,000 회

너는 나에게 한 기회를 줬어.

You gave me a chance. 5
1,610,000 회

나는 너에게 나의 모든 사랑을 줬어.

I gave you all my love. 6
1,480,000 회

③ I owe you the sunlight in the morning. **더 알아보기** 미드천사 기초회화패턴 5단원 | 영화영작 기본패턴 15단원 109

61위 Moon River / **Andy Williams**

2:47 ★★

문 리버 / 앤디 윌리암스

가사/듣기

작곡 헨리 맨시니 **노래** 앤디 윌리암스 **국적** 미국 **발표** 1961 **장르** 이지 리스닝

0:05 **wider** ['waɪdər] 더 넓은 **mile** [maɪl] 마일 (약 1.609km) **crossing** ['krɔːsɪŋ] 건너가는 (것)
style [staɪl] 스타일, 방식

0:19 **dream** [driːm] 꿈 **maker** ['meɪkər] 만드는 사람 **heart** [hɑːrt] 심장 **breaker** ['breɪkər] 파괴자
wherever [werˈevər] 어디든지 **going** ['goʊɪŋ] 가는 (것)

0:35 **drifters** ['drɪftərz] 방랑자들 **off** [ɔːf] ~에 떨어져서 **world** [wɜːrld] 세계
after ['æftər] ~이후에, ~을 좇아

0:50 **rainbow** ['reɪnboʊ] 무지개 **end** [end] 끝 **waiting** ['weɪtɪŋ] 기다리는
round [raʊnd] 둥근, 돌며 **bend** [bend] 굽히다 **Huckleberry** ['hʌklˌberi] 허클베리 (이름의 일부)

62위 Ben / **Michael Jackson**

2:44 ★★★

벤 / 마이클 잭슨

가사/듣기

작곡 돈 블랙, 월터 스카프 **노래** 마이클 잭슨 **국적** 미국 **발표** 1972 **장르** 소울, 팝

0:15 **both** [boʊθ] 양쪽의, 둘 다의 **looking for** ['lʊkɪŋ fɔːr] 찾고 있는 (것) **friend** [frend] 친구
alone [əˈloʊn] 혼자인

0:50 **running** ['rʌnɪŋ] 달리고 있는 **wanted** ['wɒntɪd] 원했다 **anywhere** ['eniˌwer] 어디든지
behind [bɪˈhaɪnd] 뒤에 **find** [faɪnd] 찾다 **something** ['sʌmθɪŋ] 어떤 것 **know** [noʊ] 알다
place [pleɪs] 장소 **go** [goʊ] 가다

1:25 **used to** [juːst tuː] ~하곤 했다 **now** [naʊ] 지금 **most** [moʊst] 대부분의

1:53 **people** ['piːpl] 사람들 **turn away** [tɜːrn əˈweɪ] 거절하다 **listen** ['lɪsn] 듣다 **word** [wɜːrd] 말

2:08 **see** [siː] 보다 **wish** [wɪʃ] 바라다 **sure** [ʃʊr] 확신하는 **think** [θɪŋk] 생각하다 **like** [laɪk] ~처럼

Stairway to Heaven / **Led Zeppelin**
스테어웨이 투 헤븐 / 레드 제플린

가사/듣기

작곡 지미 페이지, 로버트 플랜트 **노래** 로버트 플랜트 **국적** 영국 **발표** 1971 **장르** 록

0:53   lady [ˈleɪdi] 여성   glitters [ˈglɪtərz] 반짝임들   gold [goʊld] 금   stairway [ˈsteɪrˌweɪ] 계단길 heaven [ˈhɛvn] 천국   there [ðeər] 그곳에   know [noʊ] 안다   stores [stɔːrz] 상점들 closed [kloʊzd] 닫힌   word [wɜːrd] 단어

1:33   sign [saɪn] 표시, 신호   wall [wɔːl] 벽   want [wɑːnt] 원하다   sure [ʃʊər] 확실한 sometimes [ˈsʌmtaɪmz] 때때로   meanings [ˈmiːnɪŋz] 의미들

1:47   tree [triː] 나무   brook [brʊk] 시내   songbird [ˈsɔːŋbɜːrd] 노래하는 새   sing [sɪŋ] 노래하다 thoughts [θɔːts] 생각들   misgiven [mɪsˈgɪvən] 오해된

2:18   wonder [ˈwʌndər] 궁금하다

2:39   feeling [ˈfiːlɪŋ] 감각, 느낌   west [wɛst] 서쪽   spirit [ˈspɪrɪt] 영혼   crying [ˈkraɪɪŋ] 우는 (것) leaving [ˈliːvɪŋ] 떠나는 (것)   seen [siːn] 보았다

2:54   rings [rɪŋz] 고리들   smoke [smoʊk] 연기   trees [triːz] 나무들   voices [ˈvɔɪsɪz] 목소리들 stand [stænd] 서다   looking [ˈlʊkɪŋ] 보는 (것)

3:30   whispered [ˈwɪspərd] 속삭였다   soon [suːn] 곧   call [kɔːl] 부르다   tune [tuːn] 곡조 piper [ˈpaɪpər] 피리 부는 사람   lead [liːd] 이끌다   reason [ˈriːzn] 이유

3:41   dawn [dɔːn] 새벽   long [lɔːŋ] 길다   forests [ˈfɔːrɪsts] 숲들   echo [ˈɛkoʊ] 메아리 laughter [ˈlæftər] 웃음

4:21   bustle [ˈbʌsl] 소동   hedgerow [ˈhedʒˌroʊ] 헤지 (생목으로 만든 울타리)   alarmed [əˈlɑːrmd] 놀란

64 위

Bridge Over Troubled Water

4:52
★★★★

/ **Simon & Garfunkel** 브릿지 오버 트러블드 워터 / 사이먼 앤 가펑클

가사/듣기

작곡 폴 사이먼 **노래** 아트 가펑클 **국적** 미국 **발표** 1970 **장르** 포크 록

0:23 **weary** ['wɪəri] 피곤한 **tear** [tɪər] 눈물 **dry** [draɪ] 말리다 **side** [saɪd] 편 **rough** [rʌf] 거친

0:59 **found** [faʊnd] 찾다 **bridge** [brɪʤ] 다리 **troubled** ['trʌbld] 곤란한 **lay** [leɪ] 눕히다

1:25 **down** [daʊn] 아래로, 우울한 **out** [aʊt] 밖에, 소외된 **street** [striːt] 거리

1:55 **evening** ['iːvnɪŋ] 저녁 **fall** [fɔːlz] 떨어지다 **hard** [hɑːrd] 힘든, 힘들게
comfort ['kʌmfərt] 위로하다

2:09 **part** [pɑːrt] 부분, 역할 **darkness** ['dɑːrknəs] 어둠 **pain** [peɪn] 고통

3:20 **sail** [seɪl] 항해하다 **silver** ['sɪlvər] 은색인 **shine** [ʃaɪn] 빛나다 **dreams** [driːmz] 꿈들
friend [frend] 친구 **behind** [bɪ'haɪnd] 뒤에

4:11 **ease** [iːz] 가라앉히다

 65 위

Knife / **Rockwell**

5:03
★★★

나이프 / 락웰

가사/듣기

작곡/노래 락웰 **국적** 미국 **발표** 1984 **장르** 소울

0:35 **softness** ['sɔːftnəs] 부드러움 **command** [kə'mænd] 명령 **ran out** [ræn aʊt] 다 떨어졌다
hurry ['hʌri] 서두르다

1:27 **knife** [naɪf] 칼 **heal** [hiːl] 치유되다 **deeply** ['diːpli] 깊게 **wounded** ['wuːndɪd] 상처받은
cut away [kʌt ə'weɪ] 잘라내다

1:59 **pretend** [prɪ'tɛnd] ~하는 척하다 **fool** [fuːl] 속이다 **dearest** ['dɪərɪst] 가장 아끼는
wonder ['wʌndər] 궁금해하다

2:23 **stage** [steɪʤ] 무대 **charades** [ʃə'reɪdz] 샤라드 (몸짓으로 표현하는 게임, 여기서는 '가식'으로 사용됨)
disguise [dɪs'gaɪz] 속이다, 가장하다

3:48 **blocking** ['blɑːkɪŋ] 막는 (것) **inside** [ɪn'saɪd] 안 쪽

66위 More Than Words / **Extreme**

5:34
★★★
모어 댄 워즈 / 익스트림

가사/듣기

작곡 게리 셰론, 누노 베텐코트 **노래** 게리 셰론 **국적** 미국 **발표** 1990 **장르** 소프트 록, 어쿠스틱

0:23   saying ['seɪɪŋ] 말하는 (것)   words [wɜːrdz] 말, 단어들   hear [hɪər] 듣다

0:32   not [nɑːt] ~하지 않는다   want [wɑːnt] 원하다   knew [njuː] 알았다   easy ['iːzi] 쉬운

0:47   show [ʃoʊ] 보여주다   feel [fiːl] 느끼다   more [mɔːr] 더 많은   real [riːl] 진짜의
     wouldn't ['wʊdnt] ~하지 않을 것 같다   cause [kɔːz] 원인

1:26   torn [tɔːrn] 찢어진   took [tʊk] 가져갔다   couldn't ['kʊdnt] ~할 수 없었다   new [njuː] 새로운

2:30   understand [ˌʌndər'stænd] 이해하다   close [kloʊs] 가까운   reach [riːtʃ] 도달하다
     touch [tʌtʃ] 만지다   hold [hoʊld] 잡다

3:00   needed ['niːdɪd] 필요했다

67위 Now and Forever / **Richard Marx**

3:34
★★★★
나우 앤드 포에버 / 리차드 막스

가사/듣기

작곡/노래 리차드 막스 **국적** 미국 **발표** 1994 **장르** 어덜트 컨템포러리

0:14   whenever ['wɛnˌɛvər] 언제든지   weary ['wɪəri] 지친   battles ['bætlz] 전투들
     rage [reɪdʒ] 분노   madness ['mædnɪs] 정신 이상   sanity ['sænɪti] 이성   thread [θrɛd] 실

0:39   lose [luːz] 잃다   understand [ˌʌndər'stænd] 이해하다   now [naʊ] 지금
     forever [fər'ɛvər] 영원히

1:09   caught [kɔːt] 사로잡힌   fortune ['fɔːrtʃuːn] 재산   heaven ['hɛvn] 천국
     given ['gɪvn] 주어진, 줬다

1:28   show [ʃoʊ] 보여주다

1:50   rest [rest] 쉬다   worries ['wʌriz] 걱정들   alone [ə'loʊn] 혼자   known [noʊn] 알려진, 알았다
     there [ðɛər] 거기에   all the time [ɔːl ðə taɪm] 항상, 계속해서

2:42   ocean ['oʊʃən] 바다   doesn't ['dʌznt] ~하지 않다   touch [tʌtʃ] 닿다   sand [sænd] 모래

68위

November Rain / **Guns N' Roses**

8:57
★★★★
노벰버 레인 / 건즈 앤 로지즈

가사/듣기

작곡/노래 악시 루스 **국적** 미국 **발표** 1991 **장르** 하드 록, 그런지 록

1:14 restrained [rɪ'streɪnd] 제한된 darlin' ['dɑːrlɪn] 사랑하는 사람 (애칭) last [læsts] 지속되다
hearts [hɑːrts] 마음들 candle ['kændl] 양초

2:07 tryna ['traɪnə] 시도하는 (것) (trying to의 구어체) lovers ['lʌvərz] 연인들
lettin' ['letɪn] 허락하는 (것) (letting의 구어체)

2:44 refrain [rɪ'freɪn] 삼가다, 억제하다 alone [ə'loʊn] 혼자의, 단독의

3:36 harm [hɑːrm] 해치다 broken ['broʊkən] 부서진 heal [hiːl] 치유하다
charm [tʃɑːrm] 매혹하다 fears [fɪərz] 두려움들

5:37 subside [səb'saɪd] 가라앉다, 진정되다 shadows ['ʃædoʊz] 그림자들
remain [rɪ'meɪn] 남아있다 blame [bleɪm] 탓, 비난(하다)

6:02 darkness ['dɑːrknəs] 어둠

 69위

Evergreen / **Susan Jacks**

2:50
★★
에버그린 / 수잔 잭스

가사/듣기

작곡/노래 수잔 잭스 **국적** 캐나다 **발표** 1973 **장르** 팝

0:05 bloom [bluːm] 피다 springtime ['sprɪŋtaɪm] 봄철 then [ðen] 그러면 like [laɪk] ~처럼
summer ['sʌmər] 여름

0:26 fade [feɪd] 점차 사라지다 away [ə'weɪ] 떨어져서, 멀리 cold [koʊld] 차가운
winter ['wɪntər] 겨울 winds [wɪndz] 바람들 begin [bɪ'gɪn] 시작하다 blow [bloʊ] 불다

0:45 evergreen ['ɛvər,griːn] 늘 푸른 나무 last [læst] 지속되다

1:27 hold [hoʊld] 잡다 hand [hænd] 손 tell [tel] 말하다 mine [maɪn] 나의 것
laughter ['læftər] 웃음 tears [tɪrz] 눈물들

1:46 whole [hoʊl] 전체의 world [wɜːrld] 세계 through [θruː] ~을 통해 years [jɪərz] 연도들

Stand By Your Man / **Tammy Wynette**

2:39
★★

스탠드 바이 유어 맨 / 태미 와이넷

가사/듣기

작곡 빌리 셰릴, 태미 와이넷 **노래** 태미 와이넷 **국적** 미국 **발표** 1968 **장르** 컨트리

0:10 sometimes ['sʌmtaɪmz] 가끔　woman ['wʊmən] 여자　giving ['gɪvɪŋ] 주는 (것)
understand [ˌʌndərˈstænd] 이해하다

0:47 forgive [fərˈgɪv] 용서하다

1:09 proud [praʊd] 자랑스러운　cause [kɔːz] 왜냐하면

1:23 stand [stænd] 서다, 지탱하다　man [mæn] 남자　arms [ɑːrmz] 팔들
cling [klɪŋ] 매달리다, 꽉 붙잡다　warm [wɔːrm] 따뜻한

1:37 nights [naɪts] 밤들　cold [koʊld] 추운　lonely ['loʊnli] 외로운

2:12 show [ʃoʊ] 보여주다　world [wɜːrld] 세상

You Mean Everything to Me / **Neil Sedaka**

2:38
★★★

유 민 에브리띵 투 미 / 닐 세다카

가사/듣기

작곡/노래 닐 세다카 **국적** 미국 **발표** 1960 **장르** 팝

0:07 answer ['ænsər] 대답　lonely ['loʊnli] 외로운　prayer [preər] 기도　angel ['eɪndʒəl] 천사
above [əˈbʌv] ~위에　wonder ['wʌndər] 놀라움, 궁금해하다　love [lʌv] 사랑

0:34 lived [lɪvd] 살았다　destiny ['destɪni] 운명　darling ['dɑːrlɪŋ] 사랑하는 사람

1:08 tears [tɪrz] 눈물들　cry [kraɪ] 울다　sun [sʌn] 태양　shine [ʃaɪn] 빛나다
teardrops ['tɪrdrɒps] 눈물 방울들　sky [skaɪ] 하늘

1:28 hold [hoʊld] 잡다　close [kloʊs] 가까이에　let [let] 허락하다　always ['ɔːlweɪz] 항상

1:49 mean [miːn] 의미하다　everything ['evəriθɪŋ] 모든 것　to [tuː] ~에게

72위 Perhaps Love / **Placido Domingo & John Denver**

2:56
★★★
퍼햅스 러브 / 플라시도 도밍고 & 존 덴버

가사/듣기

작곡 존 덴버 **노래** 플라시도 도밍고 & 존 덴버 **국적** 미국 **발표** 1981 **장르** 팝, 컨트리

0:15 perhaps [pərˈhæps] 아마도   resting [ˈrestɪŋ] 쉬는 (것)   shelter [ˈʃeltər] 피난처
exist [ɪgˈzɪst] 존재하다   comfort [ˈkʌmfərt] 위안   trouble [ˈtrʌbl] 곤란
memory [ˈmeməri] 기억

0:47 invite [ɪnˈvaɪt] 초대하다   closer [ˈkloʊzər] 더 가까이   yourself [jərˈself] 너 자신

1:06 cloud [klaʊd] 구름   strong [strɔːŋ] 강한   steel [stiːl] 강철   living [ˈlɪvɪŋ] 삶
hold on [hoʊld ɒn] 기다리다, 붙잡다   letting [ˈletɪŋ] 보내는 (것)   everything [ˈevriθɪŋ] 모든 것

1:32 ocean [ˈoʊʃən] 바다   conflict [ˈkɒnflɪkt] 충돌   pain [peɪn] 고통   fire [ˈfaɪər] 불
thunder [ˈθʌndər] 천둥   forever [fərˈevər] 영원히   dreams [driːmz] 꿈들
memories [ˈmeməriz] 기억들, 추억들

73위 A Lover's Concerto / **Sarah Vaughan**

2:43
★★★
러버스 콘체르토 / 사라 본

가사/듣기

작곡 샌디 린저, 대니 랜델, 크리스티안 펫졸드 **노래** 사라 본 **국적** 미국 **발표** 1965 **장르** 소울

0:16 gentle [ˈdʒentl] 부드러운   rain [reɪn] 비   softly [ˈsɔːftli] 부드럽게   meadow [ˈmedoʊ] 초원
high [haɪ] 높이   serenade [ˌserəˈneɪd] 세레나데를 하다 (밤에 사랑하는 여인의 창 밖에서 부르는 노래)
melodies [ˈmelədiːz] 멜로디들

0:33 beyond [bɪˈjɑːnd] ~너머에   colors [ˈkʌlərz] 색상들   rainbow [ˈreɪnˌboʊ] 무지개
magic [ˈmædʒɪk] 마법

0:50 belong [bɪˈlɔːŋ] 속하다   tenderly [ˈtendərli] 다정하게

1:18 eternally [ɪˈtɜːrnəli] 영원히

1:41 return [rɪˈtɜːrn] 돌아오다

2:10 wonderful [ˈwʌndərfəl] 멋진   arms [ɑːrmz] 팔들   once [wʌns] 한번   again [əˈgen] 다시

74 위 Dust in the Wind / **Kansas**

3:29
★★★

더스트 인 더 윈드 / 캔자스

가사/듣기

작곡 케리 리브그렌 **노래** 켄 리브런 **국적** 미국 **발표** 1977 **장르** 프로그레시브 록

0:20 **moment** ['moʊmənt] 순간 **curiosity** [ˌkjʊəri'ɑːsɪti] 호기심

0:42 **dust** [dʌst] 먼지 **wind** [wɪnd] 바람

0:52 **same** [seɪm] 같은 **drop** [drɑːp] 물방울 **water** ['wɔːtər] 물 **endless** ['endləs] 끝없는
sea [siː] 바다 **crumble** ['krʌmbl] 바스러지다, 허물어지다 **ground** [graʊnd] 땅
refuse [rɪ'fjuːz] 거절하다

2:12 **hang** [hæŋ] 붙잡다 **last** [læst] 지속되다 **forever** [fə'revər] 영원히 **earth** [ɜːrθ] 지구
sky [skaɪ] 하늘 **slip** [slɪp] 빠져나가다 **money** ['mʌni] 돈 **buy** [baɪ] 사다

75 위 Have You Ever Seen the Rain?

2:40
★★

/ **Creedence Clearwater Revival**

가사/듣기

해브 유 에버 씬 더 레인? / 크리던스 클리어워터 리바이벌

작곡/노래 존 포거티 **국적** 미국 **발표** 1970 **장르** 록

0:14 **storm** [stɔːrm] 폭풍 **calm** [kɑːm] 고요함 **ago** [ə'goʊ] 이전에 **coming** ['kʌmɪŋ] 오는 (것)
over ['oʊvər] 끝난

0:34 **sunny** ['sʌni] 햇볕 좋은 **shining** ['ʃaɪnɪŋ] 빛나는 (것) **water** ['wɔːtər] 물

1:12 **yesterday** ['jestərˌdeɪ] 어제 **days** [deɪz] 날들 **cold** [koʊld] 차가운 **hard** [hɑːrd] 강한
way [weɪ] 방식

1:28 **forever** [fə'revər] 영원히 **through** [θruː] ~을 통해 **circle** ['sɜːrkl] 원 **fast** [fæst] 빠른
slow [sloʊ] 느린 **can't** [kænt] ~할 수 없다 **stop** [stɑːp] 멈추다 **wonder** ['wʌndər] 궁금해하다

Words / **F.R. David**

워즈 / 에프 알 데이비드

가사/듣기

작곡/노래 에프 알 데이비드 **국적** 프랑스 **발표** 1982 **장르** 신스팝

0:09 words [wɜːrdz] 말, 단어들 come [kʌm] 오다 easy ['iːzi] 쉬운 make [meɪk] 만들다
see [siː] 보다

0:34 only ['ounli] 오직, 단지 say [seɪ] 말하다

0:50 melody [melədi] 선율 (음악) best [best] 최고의 wrong [rɔːŋ] 잘못된
reveal [rɪ'viːl] 드러내다 believe [bɪ'liːv] 믿다

1:27 simple ['sɪmpl] 간단한 hidden ['hɪdn] 숨겨진 meaning ['miːnɪŋ] 의미
honey ['hʌni] 자기, 꿀 really ['rɪəli] 정말로

Open Arms / **Journey**

오픈 암스 / 저니

가사/듣기

작곡 스티브 페리, 조나단 케인 **노래** 스티브 페리 **국적** 미국 **발표** 1981 **장르** 소프트 록

0:15 lying ['laɪɪŋ] 누워 있는 (것) beside [bɪ'saɪd] ~옆에 heartbeat ['hɑːrtbiːt] 심장 박동

0:30 softly ['sɔːftli] 부드럽게 whisper ['wɪspər] 속삭이다 sincere [sɪn'sɪr] 진실한
blind [blaɪnd] 맹목적인, 눈 먼

0:44 sailed [seɪld] 항해했다 drifted [drɪftɪd] 표류했다 side [saɪd] 곁

1:00 arms [ɑːrmz] 팔들 hide [haɪd] 숨기다

1:23 hoping ['houpɪŋ] 희망하는 (것) mean [miːn] 의미하다

1:45 living ['lɪvɪŋ] 살아가는 (것) alone [ə'loun] 혼자서 empty ['ɛmpti] 비어 있는
seem [siːm] ~처럼 보이다 cold [kould] 차가운

1:59 wanting ['wɔːntɪŋ] 원하는 (것) hold [hould] 껴안다 near [nɪər] 가까이에
much [mʌtʃ] 얼마나 home [houm] 집 turned [tɜːrnd] 변했다

78위 Soldier of Fortune / Deep Purple

가사/듣기

3:14
★★★

솔저 오브 포춘 / 딥 퍼플

작곡/노래 리치 블랙모어 **국적** 영국 **발표** 1974 **장르** 하드 록

0:14 drifter [ˈdrɪftər] 방랑자 surely [ˈʃʊərli] 확실히 older [ˈoʊldər] 더 늙은

0:57 echo [ˈekoʊ] 메아리치다 distance [ˈdɪstəns] 거리 sound [saʊnd] 소리
windmill [ˈwɪndmɪl] 풍차 soldier [ˈsoʊldʒər] 병사 fortune [ˈfɔːrtʃuːn] 돈, 운

1:42 traveller [ˈtrævlər] 여행자 something [ˈsʌmθɪŋ] 어떤 것 days [deɪz] 날들 old [oʊld] 오래된
nights [naɪts] 밤들 cold [koʊld] 차가운 wandered [ˈwɑːndərd] 방랑했다

2:01 standing [ˈstændɪŋ] 서 있는 (것) near [nɪr] 가까이에 blindness [ˈblaɪndnɪs] 실명
confusing [kənˈfjuːzɪŋ] 혼란스러운 (것)

79위 I Swear / All 4 One

가사/듣기

4:19
★★★

아이 스웨어 / 올포원

작곡 게리 베이커, 프랭크 마이어스 **노래** 올포원 **국적** 미국 **발표** 1994 **장르** R&B

0:00 swear [swer] 맹세하다 moon [muːn] 달 stars [stɑːrz] 별들 skies [skaɪz] 하늘들
shadow [ˈʃædoʊ] 그림자 questions [ˈkwestʃənz] 질문들

0:28 weighing [ˈweɪɪŋ] 무게를 다는, 고민하는 part [pɑːrt] 부분, 역할 stand [stænd] 서다, 참다

0:48 tears [tɪərz] 눈물 mistakes [mɪˈsteɪks] 실수들 break [breɪk] 부수다 heart [hɑːrt] 심장

1:30 better [ˈbetər] 더 좋은 worse [wɜːrs] 더 나쁜 death [dɛθ] 죽음 bit [bɪt] 조금

1:52 give [gɪv] 주다 build [bɪld] 짓다, 구축하다 dreams [driːmz] 꿈들
memories [ˈmeməriz] 기억들, 추억들 walls [wɔːlz] 벽들

2:18 ask [æsk] 묻다 time [taɪm] 시간 turns [tɜːrnz] 돌리다, 바꾸다 age [eɪdʒ] 나이, 늙다

3:51 single [ˈsɪŋgəl] 단 하나의

80 위

Faith / **George Michael**

3:16
★★★

페이스 / 조지 마이클

가사/듣기

작곡/노래 조지 마이클 **국적** 영국 **발표** 1987 **장르** 팝, 소울

0:39 **guess** [gɛs] 추측하다 **touch** [tʌtʃ] 만지다 **body** ['bɑːdi] 몸
gotta ['gɑːtə] ~해야 한다 (= got to) **twice** [twaɪs] 두 번 **heart** [hɑːrt] 마음
games [geɪmz] 게임들 **played** [pleɪd] 놀았다, 게임했다 **emotion** [ɪ'moʊʃən] 감정

1:05 **pick** [pɪk] 고르다 **floor** [flɔːr] 바닥 **devotion** [dɪ'voʊʃən] 헌신 **strong** [strɔːŋ] 강한
door [dɔːr] 문 **faith** [feɪθ] 믿음

1:36 **blues** [bluːz] 우울함 **yesterday** ['jɛstərdeɪ] 어제 **loverboy** ['lʌvərbɔɪ] 남자 애인

1:50 **river** ['rɪvər] 강 **ocean** ['oʊʃən] 바다 **throw** [θroʊ] 던지다 **floor** [flɔːr] 바닥

2:00 **reconsider** [,riːkən'sɪdər] 다시 고려하다 **foolish** ['fuːlɪʃ] 어리석은
notion ['noʊʃən] 생각, 개념 **wait** [weɪt] 기다리다

 81 위

Livin' La Vida Loca / **Ricky Martin**

4:03
★★★★

리빈 라 비다 로카 / 리키 마틴

가사/듣기

작곡 드라코 로사, 데스몬드 차일드 **노래** 리키 마틴 **국적** 푸에르토리코 **발표** 1999 **장르** 라틴 팝

0:12 **superstition** [,suːpər'stɪʃən] 미신 **voodoo** ['vuːduː] 부두교 **premonition** [,priːmə'nɪʃən] 예감

0:28 **sensations** [sen'seɪʃənz] 감각들 **addiction** [ə'dɪkʃən] 중독

0:49 **bullet** ['bʊlɪt] 총알 **upside** ['ʌpsaɪd] 위쪽

0:52 **inside out** ['ɪn,saɪd aʊt] 뒤집힌 **La Vida Loca** [lɑ: 'viːdɑ 'loʊkɑ:] 미친 생활 (스페인어)

1:03 **devil** ['dɛvəl] 악마 **mocha** ['moʊkə] 모카색 **wear out** [wer aʊt] 닳다, 지치게 하다

1:30 **funky** ['fʌŋki] 이상한 **slipped** [slɪpt] 미끄러졌다

1:43 **French** [frentʃ] 프랑스의 **Champagne** [ʃæm'peɪn] 샴페인 **insane** [ɪn'seɪn] 미친

1:57 **push** [pʊʃ] 밀다 **pull down** [pʊl daʊn] 끌어내리다

2:31 **take off** [teɪk ɒf] 이륙하다, 벗다 **clothes** [kloʊz] 옷 **dancing** ['dænsɪŋ] 춤추는 (것)

82위 Temple of the King / **Rainbow**

4:45
★★★★

템플 오브 더 킹 / 레인보우

가사/듣기

작곡 리치 블랙모어 **노래** 로니 제임스 디오 **국적** 영국, 미국 **발표** 1975 **장르** 하드 록, 헤비 메탈

0:25 **fox** [fɑːks] 여우 **remembered** [rɪˈmembərd] 기억된 **rising** [ˈraɪzɪŋ] 떠오르는 (것)
tolling [ˈtoʊlɪŋ] (소리가) 울리는 (것) **bell** [bel] 종

0:42 **cometh** [ˈkʌmɪθ] 오다 (고어, 오래된 어투) **temple** [ˈtempl] 신전, 사원
searching [ˈsərtʃɪŋ] 찾는 (것) **seeking** [ˈsiːkɪŋ] 추구하는 (것)
trembling [ˈtremblɪŋ] 떨리는 (것)

1:00 **daylight** [ˈdeɪlaɪt] 햇빛 **rush** [rʌʃ] 돌진, 급류 **wings** [wɪŋz] 날개들 **shine** [ʃaɪn] 빛나다
wave [weɪv] 흔들다, 움직이다

3:26 **edge** [edʒ] 가장자리, 끝 **world** [wɜːrld] 세계 **hoping** [ˈhoʊpɪŋ] 희망하는 (것)
wondering [ˈwʌndərɪŋ] 궁금해하는 (것) **stories** [ˈstɔːriz] 이야기들 **lie** [laɪ] 놓여 있다

83위 Step by Step / **New Kids on the Block**

4:28
★★★

스텝 바이 스텝 / 뉴 키즈 온 더 블록

가사/듣기

작곡 모리스 스타 **노래** 뉴 키즈 온 더 블럭 **국적** 미국 **발표** 1990 **장르** 댄스 팝

0:12 **step** [step] 단계 **gonna** [ˈɡɔnə] ~할 것이다 **girl** [ɡɜːrl] 소녀 **really** [ˈriːəli] 정말로
world [wɜːrld] 세계, 세상 **eyes** [aɪz] 눈들

0:51 **picture** [ˈpɪktʃər] 그림 **time** [taɪm] 시간 **smile** [smaɪl] 미소 **know** [noʊ] 알다
drive [draɪv] 몰다, 추진하다 **wild** [waɪld] 야생의, 무법의

1:06 **mind** [maɪnd] 마음, 생각

1:14 **matter** [ˈmætər] 문제

1:36 **see** [siː] 보다 **have** [hæv] 가지다 **true** [truː] 진실한 **else** [els] 다른, 그 밖의
ever [ˈevər] 언제나, 항상 **do** [duː] 하다

2:56 **more** [mɔːr] 더 많이 **arrived** [əˈraɪvd] 도착했다 **need** [niːd] 필요하다 **want** [wɑːnt] 원하다
world [wɜːrld] 세계, 세상

Midnight Blue / E.L.O. (Electric Light Orchestra)

미드나이트 블루 / 일렉트릭 라이트 오케스트라

가사/듣기

작곡/노래 제프 린 **국적** 영국 **발표** 1979 **장르** 프로그레시브 록

0:13   lonely ['loʊnli] 외로운   lead [liːd] 이끌다   distant ['dɪstənt] 먼   behind [bɪ'haɪnd] 뒤에

0:35   feeling ['fiːlɪŋ] 느낌   midnight ['mɪdnaɪt] 자정   blue [bluː] 파란색   crying ['kraɪɪŋ] 우는 (것)   found [faʊnd] 발견했다

0:47   searching ['sɜːrtʃɪŋ] 찾고 있는 (것)   difference [dɪfərəns] 차이

1:38   standing ['stændɪŋ] 서 있는 (것)   touch [tʌtʃ] 만지다   become [bɪ'kʌm] ~이 되다

1:52   count [kaʊnt] 세다   words [wɜːrdz] 말, 단어들

2:38   offering [ɔːfərɪŋ] 제공하는 (것)   meant [ment] 의미하다   one [wʌn] 하나

2:46   believe [bɪ'liːv] 믿다   true [truː] 참된

2:55   still [stɪl] 여전히

3:07   beautiful ['bjuːt̬əfəl] 아름다운   days [deɪz] 날들   ways [weɪz] 방법들

Sorry Seems to Be the Hardest Word

3:49
★★★

/ **Elton John** 쏘리 심즈 투 비 더 하드스트 워드 / 엘튼 존

가사/듣기

작곡 버니 토핀, 엘튼 존 **노래** 엘튼 존 **국적** 영국 **발표** 1976 **장르** 팝, 소프트 록

0:21 gotta ['gɒtə] ~해야 한다 lightning ['laɪtnɪŋ] 번개 strike [straɪk] 때리다
wake [weɪk] 깨어나다 heard [hɜːrd] 들었다

1:06 over ['oʊvər] 끝난 sorry ['sɑːri] 미안한 hardest ['hɑːrdɪst] 가장 어려운

1:20 sad [sæd] 슬픈 situation [ˌsɪtʃuˈeɪʃən] 상황 absurd [əbˈsərːd] 어처구니없는

1:39 talk it over [tɔːk ɪt 'oʊvər] 이야기 해보다 seem [siːm] ~처럼 보이다

You Needed Me / Anne Murray

작곡 랜디 굿드럼 **노래** 앤 머레이 **국적** 캐나다 **발표** 1978 **장르** 컨트리 팝

유 니딛 미 / 앤 머레이

Anne Murray – Let's Keep It That Way

Contains The Hit Song
You NEEDED ME

Anne Murray

캐나다 출신으로, 가수를 하기 전에는 체육 교사로 활동했다. 주로 컨트리 음악을 부르는데, 첫 싱글은 1970년에 나온 Snowbird(스노우버드: 추위를 피해 남쪽으로 내려온 노인)로 빌보드 컨트리 차트에서 1위를 했다. 이후 50개 이상의 앨범을 내며 그래미 상을 4회 수상했다. 가수로는 2008년에 은퇴를 했지만, 종종 공연하며 팬들과 소통하고 있다.

You Needed Me

빌보드 핫100과 어덜트 컨템포러리 차트에서 1위를 한 곡으로, 앤 머레이의 가장 유명한 곡이다. 가사에서는 연인에 대해 감사를 표현했다. 언제, 어떤 점이 특히 감사한 것일까? 같은 캐나다 사람인 '셀린 디온'의 대표곡 Because you loved me(비커즈 유 러브드 미, p.178)과 주제가 비슷하니 비교해보면 재미있다. 만약 연인에게 감사 편지를 쓴다면 뭐라고 쓸까?

You Needed Me

0:15 I cried a _____ ,
아이 크롸이더

you wiped it dry.
유　와잎틭 드롸이

I was confused,
아이 워즈 컨퓨즈드

you cleard my _____ .
유　클리얼드 마이

I _____ my soul,
아이　마이 쏘울

you _____ it back for me,
유　릳 백 폴 미

and held me up,
앤　헬드 미 엎

and _____ me dignity.
앤　미 디그니티

Somehow you needed me.
썸하우　유　니릳　미

0:49 You gave me _____
유　게이브 미

to stand alone again,
투　ㅅ탠더로운　어게인

to face the world out on my own again.
투 페이ㅆ 더　월드　아우론　마이　오우너게인

You put me _____ upon a pedestal
유　풑 미　어퍼너　페더ㅅ털

당신은 저를 필요로 했어요

제가 눈물 흘리며 울었고tear,
티얼

당신은 그것이 마르도록 닦아주었지요.

제가 혼란스러웠고,

당신은 제 마음을 깨끗이 했지요mind.
마인ㄷ

제가 저의 영혼을 팔았고sold,
쏘울ㄷ

당신은 그것을 저를 위해 사왔지요 bought,
바

그리고 저를 받쳐(지지해)주었고,

저에게 품위를 주었지요gave.
게이ㅂ

왠지 당신은 저를 필요로 했지요.

당신은 제게 힘을strength 주었지요
ㅅㅌ렝ㄸ

홀로 다시 설 수 있도록,

다시 제 스스로 바깥 세상을 마주할 수 있도록.

저를 높이high 받들어 모셨지요
하이

▶ wipe에서 p가 울리지 않는 소리(무성음)이기 때문에 뒤의 d를 ㄷ이 아니라 ㅌ으로 발음했다.

▶▶ and에서 n과 d가 충돌하므로, d는 느리게 발음할 경우를 제외하고 대부분 발음하지 않는다.

▶▶▶d와 t는 약해지면 ㄹ로 소리낸다. 그래서 '니딛'이 아니라 '니릳'으로 소리냈다.

▶▶▶▶ out은 부사로 썼고, on은 전치사로 썼다.

so high that I could almost see eternity.
쏘 하이 대라이 쿨 얼모우슽 씨이 이털너티

You needed me, you needed me.
유 니린 미 유 니린 미

1:29 And I can't believe it's you.
앤아이 캔 빌리빝 츄

I can't believe it's true
아이 캔 빌리빝ㅅ 트루

I needed you and you were _____.
아이 니린듀 앤 유 월

And I'll never leave,
앤알 네버 리입

why should I leave?
와 슈라이 리입

I'd be a _____
아읻 비 어

'cause I _____ found someone
커자이 파운드 썸원

who _____ cares.
후 케얼ㅈ

2:02 You held my _____
유 헬(ㄷ) 마이

when it was cold.
웬 잍 워ㅈ 코울(ㄷ)

When I was lost, you took me home.
웬 아이워ㅈ 러ㅅ트 유 툭 미 호움

You gave me hope
유 게이ㅂ 미 호웊

아주 높아서 거의 하늘나라를 볼 수 있을 정도로.

당신은 저를 필요로 했어요.

그리고 저는 그것이 당신이라고 믿을 수 없어요.

저는 그것이 진짜라고 믿을 수 없지요.

당신이 필요했고/ 당신이 그곳에 there 있다는 것을요.
　　　　　　　　　　　　　　　　데엘

또 저는 절대 떠나지 않을 거에요,

제가 왜 떠나야만 하나요?

저는 바보fool 같았어요
　　　　　풀

마침내finally 제가 누군가를 찾았으니까요
　　　　파인너리

정말로really 신경 써주는 분을요.
　　　리을리

당신은 제 손을hand 잡았어요
　　　　　　핸

추운 날에.

제가 길을 잃었을 때, 당신은 저를 집에 데려줬지요.

당신은 제게 희망을 주었어요

▶ can't에서 t가 사라지는 경우가 많다. 보통은 이 때 t가 사라진만큼 n을 조금 더 길게 발음한다.

▶▶ I'd는 I would나 I had의 줄임말이다. 뒤에 be가 나왔으므로 would를 줄인 것이다. 만약 had였다면 been이 나와야 한다.

when I was at the end.
웬 아이 워즈 앨 디 엔(ㄷ)

And turned my lies back into truth again.
앤   털언   마이 라이즈   백긴투   ㅌ룬떠게엔

You even ⁞——————————— me 'friend'.
유   이븐   미   ㅍ렌(ㄷ)

2:37 ▶

3:17 You needed me, you needed me.
유   니릳   미   유   니릳   미

제가 끝에 있었을 때.

그리고 제 거짓말을 다시 진실로 바꿔줬지요/

당신은 심지어 저를 '친구'라 불렀지요called.
커얼

당신이 저를 필요로 했지요.

패턴 I sold my soul.

I sell my soul은 평소에 주기적으로 내 영혼을 판매하는 것을 말하고, I sold my soul은 과거에 내 영혼을 팔아서 이제는 끝난 일을 말한다. 과거를 표현할 때 보통은 동사에 ed를 붙여서 표현한다. 하지만 sell은 selled로 표현하지 않는다. 왜냐하면 많이 쓰는 동사들은 -ed대신 단어 일부분의 형태가 바뀌기 때문이다. tell도 마찬가지 방법의 변형으로 과거는 told로 쓴다.

이런 동사들을 '동사의 불규칙 변형'이라고 하는데, 적어도 많이 쓰는 동사 100개는 알아야 한다. 종류별로 묶어서 연습하면 2~3시간이면 누구나 충분히 외울 수 있다. 관련 자료는 마이클리시(miklish.com) 자료실에 있고, 책 <생활영어 회화천사 5형식/준동사>의 부록에도 있다.

---

1 **난 그것을 내 방식대로 했어.**
힌트 did 발췌 My Way

159,000,000회

_____ 누가 _____ 한다 _____ 무엇을 my way.

---

2 **당신은 제 안에 있는 가장 좋은 것을 보았지요.**
힌트 best 발췌 Because You Loved Me

9,260,000회

_____ 누가 _____ 한다 _____ 무엇을 _____ 무엇을 there was in me.

---

3 **그는 나를 좋아했지.**
힌트 liked 발췌 Ode to My Family

1,620,000회

_____ 누가 _____ 한다 _____ 무엇을

정답 ① I did it my way. ② You saw the best there was in me. ③ He liked me.

You didn't do homework. 너는 숙제 하지 않았어.

But he didn't punish you, why? 그런데 그가 널 혼내지 않았어, 왜?

I think he liked me. 내 생각엔 그가 나를 좋아했으니까 (그랬을거야).

그가 나를 도와줬어.

He helped me. ④
14,500,000 회

그가 나(의 마음)를 건드렸어.

He touched me. ⑤
1,070,000 회

그가 나를 구해줬어.

He saved me. ⑥
963,000 회

87. Kiss and Say Goodbye / **Manhattans**

키스 앤드 세이 굿바이 / 맨하탄스

4:27
★★★

가사/듣기

작곡 윈프레드 러버트 **노래** 맨하탄스 **국적** 미국 **발표** 1976 **장르** 소울, R&B

0:04　**saddest** ['sædɪst] 가장 슬픈

0:23　**obligations** [ˌɒblɪ'geɪʃənz] 의무들　**ties** [taɪz] 유대들, 관계들　**meeting** ['miːtɪŋ] 만나는 (것)
　　　since [sɪns] ~이래로, ~이후로

0:40　**hold** [hoʊld] 껴안다

0:47　**turn** [tɜːrn] 돌다, 돌아서다　**walk** [wɔːk] 걷다

0:54　**remember** [rɪ'membər] 기억하다　**kiss** [kɪs] 키스　**goodbye** [gʊd'baɪ] 이별인사

1:21　**stop** [stɒp] 멈추다　**hate** [heɪt] 싫어하다

1:52　**darling** ['dɑːrlɪŋ] 자기, 애인　**cry** [kraɪ] 울다

2:06　**month** [mʌnθ] 개월　**passed** [pæst] 지나갔다

2:15　**lie** [laɪ] 거짓말　**hurt** [hɜːrt] 아픔

2:51　**understand** [ˌʌndər'stænd] 이해하다

3:35　**handkerchief** ['hæŋkərtʃiːf] 손수건　**wipe** [waɪp] 닦다　**eyes** [aɪz] 눈들

3:42　**find** [faɪnd] 찾다　**pretty** ['prɪti] 예쁜　**baby** ['beɪbi] 자기, 아기

88위 Seasons in the Sun / **Westlife**

4:10
★★★

시즌스 인 더 선 / 웨스트라이프

가사/듣기

작곡 자크 브렐, 로드 맥컨 **노래** 웨스트라이프 **국적** 아일랜드 **발표** 1999 **장르** 팝, 발라드

0:13　trusted [ˈtrʌstɪd] 신뢰받는　climbed [klaɪmd] 올라갔다　hills [hɪlz] 언덕들
trees [triːz] 나무들　learned [lɜːrnd] 배웠다　ABCs [ˌeɪbiːˈsiːz] 알파벳　skinned [skɪnd] 벗겨진
knees [niːz] 무릎들

0:35　die [daɪ] 죽다　birds [bɜːrdz] 새들　singing [ˈsɪŋɪŋ] 노래하는 (것)　sky [skaɪ] 하늘
spring [sprɪŋ] 봄　air [eər] 공기　pretty [ˈprɪti] 예쁜　girls [gɜːrlz] 소녀들
everywhere [ˈɛvriˌwɛr] 어디든지

1:02　seasons [ˈsiːzənz] 계절들　time [taɪm] 시간

1:13　papa [ˈpɑːpɑː] 아빠　pray [preɪ] 기도하다　black [blæk] 검은　sheep [ʃiːp] 양
family [ˈfæməli] 가족　tried [traɪd] 시도했다　right [raɪt] 올바른　wrong [rɔːŋ] 잘못된

1:30　wine [waɪn] 와인　song [sɔːŋ] 노래　wonder [ˈwʌndər] 궁금해하다　got [gɒt] 얻었다
along [əˈlɔːŋ] 함께, ~을 따라

1:51　children [ˈtʃɪldrən] 아이들　see [siː] 보다　there [ðɛər] 저기에

2:08　gone [gɒn] 가다　yeah [jɛə] 응

2:26　Michelle [mɪˈʃɛl] 미셸 (여자 이름)　little [ˈlɪtl] 작은　gave [geɪv] 줬다　love [lʌv] 사랑
helped [hɛlpt] 도와줬다　find [faɪnd] 찾다　sun [sʌn] 태양　every [ˈɛvri] 모든
time [taɪm] 시간　down [daʊn] 우울한, 아래로

2:44　always [ˈɔːlweɪz] 항상　come [kʌm] 오다　around [əˈraʊnd] 주변에

한국인이 좋아하는 팝송

89위

You Are Not Alone / Michael Jackson

작곡 알 켈리   **노래** 마이클 잭슨   **국적** 미국   **발표** 1995   **장르** 팝, R&B

작품성

대중성

노래
난이도

재미

영어
난이도

유 얼 낫 얼론 / 마이클 잭슨

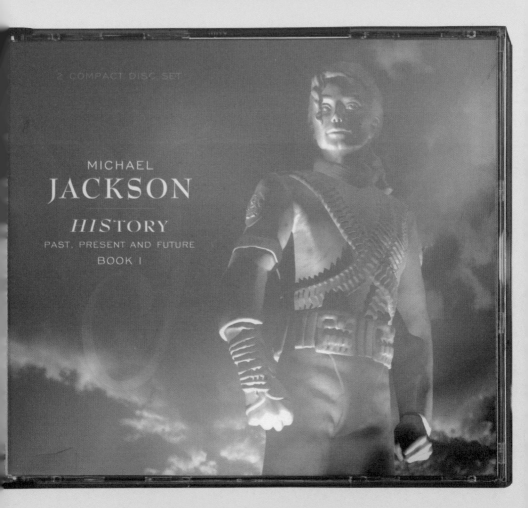

Michael Jackson

팝의 황제로 불릴 만큼, 미국에서 가장 영향력 있는 가수 한 명을 꼽는다면 마이클 잭슨이 꼽힐 것이다. 뛰어난 노래와 작곡 실력만큼 춤으로 유명한데, 특히 빌리 진(Billie Jean)에서 문워크(앞으로 걷는 느낌의 뒤로 가는 춤)가 유명하다. 어려서 잭슨5라는 가족 그룹으로 데뷔하는데, 연예 활동을 하느라 일반적인 생활은 하지 못했고, 그것에 큰 아쉬움을 갖고 있었다.

You Are Not Alone

세상에서 지치고, 외로운 모든 사람들에게 바치는 곡이다. 친구가 힘들고 외로울 때 무슨 말을 해주면 좋을까? 마이클 잭슨은 성형 수술, 아동 성추행으로 물의를 일으키다가, 결국 프로포폴(마약)로 사망한다. 어떤 가수보다 많은 사랑을 받았지만, 정작 본인은 많이 외로웠던 것이 아닐까?

DISC 1

1995 MJJ Productions Inc.

You Are Not Alone

0:17 **Another day has**
어너더 **떼**이 해ス

I'm still all alone. How could this be?
아임 ㅅ틸 **얼럴론** **하우** **쿤** 디ㅈ **비**

You're not **with me.**
유어 낱 윈(ㄸ) **미**

You said goodbye.
유 **쎌** 꾿빠이

Someone, tell me why. Did you have to go,
썸원 텔 미 와이 딛쥬 **햅** 투 고우

and leave my so cold?
앤 **립 마** 쏘 코울ㄷ

0:50 **I sit and ask myself**
아 **씨**랜 애ㅅㅋ 마이**쎌**

"How did love slip away?".
하우 **띧** 러ㅂ 슬리퍼웨이

Something whispers in my ear and says
썸띵 위ㅅ펄ㅆ 인 마 일 앤 **쎄**ス

1:05 **(that) you are not alone.**
댙 유 얼 **나**럴로운

I am here with you.
아이앰 **힐** 윈 **유**

you're far away,
유얼 **파**러웨이

당신은 혼자가 아니에요

또 하루가 갔어요gone.
곤

저는 여전히 혼자에요. 어떻게 이럴 수 있죠?

당신이 저와 함께 여기 없다니요here.
히

당신은 절대never 작별인사를 하지 않았지요.
네버

누군가, 이유를 말해 주세요. 당신은 가야 했고,

제 세상을world 이렇게 춥게 남겨둬야 했나요?
월(ㄷ)

▶ someone이 3인칭 단
수이므로 tells를 써야
하지만, 여기서는 명령
문이므로 tell을 썼다.

매일Everyday 저는 앉아서 스스로에게 물어봐요
에브뤼데이

"어떻게 사랑이 사라질 수 있었는지?"

어떤 것이 제 귀에 속삭이고 말하지요

당신은 혼자가 아니라고요.

제가 여기 당신과 함께 있어요.

당신이 멀리 떨어져 있어도Though,
도우

I am here to﹀ stay.
아이 앰 힐 두 ㅅ테이

1:21 (But) you are not alone.
벝 유 얼 나릴로운

I am here with you.
아이앰 힐 윋 유

Though we're far apart,
도우 위 팔 어팔ㅌ

you're always in   heart.
유어   어웨이진   할ㅌ

(But) you are not alone.
벝 유 얼 나딜로운

1:43 'lone, alone. Why, alone.
(얼)론 얼론 와아 얼론

1:57 Just the other night, I thought I heard you cry,
저쓷 디 어더 나잍 아 떹 아이 헐듀 ㅋ롸이

asking me to   and hold you in my arms.
애ㅆ킹 미 투   앤 홀쥬 인 마 앎ㅈ

2:13 I can   your prayers
아이 캔   유 플레이열ㅈ

Your burdens I   bear
유어 벌든ㅈ 아   베얼

But first I need your hand.
벝 펄슽 아 니쥬 핸ㄷ

Then forever can   .
덴 포레버 캔

저는 여기에 있을거에요.

▶ to(투)를 약하게 발음할 때 '루'나 '두'로 발음한다.

하지만 당신은 혼자가 아니에요.

저는 여기 당신과 함께 있어요.

우리가 멀리 떨어져도,

당신은 항상 제my 마음에 있어요.
　　　　　　마

(하지만) 당신은 혼자가 아니니까요.

홀로, 홀로. 도대체 왜, 홀로.

바로 다음 날 밤에, 당신이 우는 것을 들었다고 생각했어요,

저보고 와서come 팔로 안아달라고 요청하는 것을요.
　　　　　컴

저는 당신의 기도를 들을hear 수 있어요.
　　　　　　　　　히

당신의 짐들을 제가 떠맡을 거에요will.
　　　　　　　　　　　　월

하지만 먼저 저는 당신의 손이 필요해요.

그러면 영원함이 시작될begin 수 있어요.
　　　　　　　　비겐

2:30 Everyday I sit and ask myself
에브리데이 아 씨랜 애슥 마이쎌

"How did love slip away?".
하우 딛 러브 슬리퍼웨이

Something whispers in my ear and says
썸띵 위스펄쓰 인 마 일 앤 쎄즈

2:46 ▶

3:23 Whisper three words and I'll come runnin'.
위스퍼 뜨리 월재날 컴 러닌

And girl, you know that I'll be there.
앤 걸 유 노우 대랄 비 델

I'll be there.
아일 비 델

3:45 ▶

4:18 ▶

4:49 But you are not alone.
벝 유 얼 나덜로운

매일 저는 앉아서 스스로에게 물어봐요.

"어떻게 사랑이 사라질 수 있었는지?".

어떤 것이 제 귀에 속삭이고 말하지요

세 단어를 속삭이면 제가 뛰어 올 거에요

그리고 아가씨, 당신은 제가 거기 있을 것이라는 걸

알지요. 제가 거기 있을 거라는 것을요.

하지만 당신은 혼자가 아니에요.

You are not alone. 73,500,000 회

be동사 뒤에 'not'을 쓰면 '상태나 모습이 아니다'를 뜻한다. You are alone은 '당신은 혼자인 상태나 모습이다'이고, You are not alone은 '당신은 혼자인 상태나 모습이 아니다'를 의미한다.

앞서 일반동사에서 do+not을 쓴 것처럼, be동사에서는 be동사가 조동사(do, will, can 등) 역할을 같이 하기 때문에 바로 not만 붙이면 된다. are not은 aren't로, is not은 isn't로, were not은 weren't로, was not은 wasn't로 줄여 쓸 수 있다.

---

① 난 그것이 어떻게 되어 갈지 정말 확신하지 않아. 19,800,000회
힌트 sure 발췌 Piano Man

누가+상태모습 상태모습 really ___어떤___ how it goes.

② 그 미래는 우리가 볼 수 있는 것이 아니야. 86,100회
힌트 ours 발췌 Que Sera Sera

___누가___ 누가+상태모습 상태모습 ___어떤___ to see.

③ 그것은 내가 고안해낸 것이 아니었어. 34,400회
힌트 design 발췌 Ode to My Family

___누가___ 상태모습 ___어떤___ ___어떤___

정답 ① I'm not really sure how it goes. ② The future's not ours to see. ③ It wasn't my design.

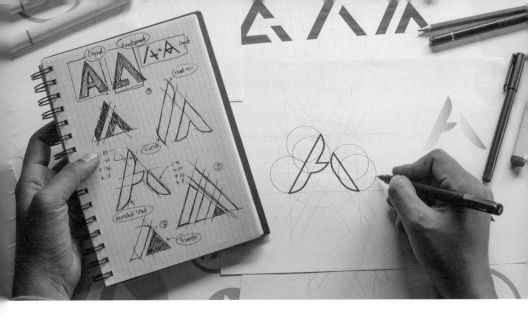

Did you look at the 'A'? 그 'A' 봤어?

Did it look familiar? 그것이 익숙해보이지 않았어?

But **it wasn't** my design. 하지만 내가 고안한 것은 아니야.

Someone might refer to mine. 누군가 내 것을 참고했나봐.

그것은 쉽지 않았어.

It wasn't easy. (4)
15,000,000 회

그것은 내가 아니었어.

It wasn't me. (5)
9,420,000 회

그것은 나의 잘못이 아니었어.

It wasn't my fault. (6)
1,270,000 회

90위 Kissing a Fool / **George Michael**

4:35
★★★

키싱 어 풀 / 조지 마이클

가사/듣기

작곡/노래 조지 마이클 **국적** 영국 **발표** 1987 **장르** 재즈 팝

0:15 could have been [kʊd 'hæv bɪn] ~였을 수 있다 listened ['lɪsnd] 들었다

0:21 scared [skerd] 무서워진 strange [streɪndʒ] 이상한 enough [ɪ'nʌf] 충분한
peace [piːs] 평화 mind [maɪnd] 마음

0:40 change [tʃeɪndʒ] 바꾸다 feel [fiːl] 느끼다 better ['betər] 더 좋은

0:57 steal [stiːl] 훔치다 always ['ɔːlweɪz] 항상 fool [fuːl] 바보

1:12 loved [lʌvd] 사랑했다 shown [ʃoʊn] 보여줬다

1:33 fooled [fuːld] 속였다 tears [tɪərz] 눈물들 kisses ['kɪsɪz] 키스들
goodbye [gʊd'baɪ] 작별 인사

2:04 pick [pɪk] 선택하다 pieces ['piːsɪz] 조각들 mend [mend] 고치다

3:26 surrender [sə'rendər] 항복하다 compare [kəm'per] 비교하다 kissing ['kɪsɪŋ] 키스하는

91위 Don't Forget to Remember / **Bee Gees**

3:27
★★★★

돈 포겟 투 리멤버 / 비지스

가사/듣기

작곡 배리 깁, 모리스 깁 **노래** 비지스 **국적** 영국 **발표** 1969 **장르** 팝, 록

0:11 won't [woʊnt] ~하지 않을 것이다 believe [bɪ'liːv] 믿다 self [self] 자신

0:34 over ['oʊvər] ~위에 anything ['ɛni,θɪŋ] 어떤 것 get over [get 'oʊvər] 극복하다

0:58 forget [fər'get] 잊다 remember [rɪ'membər] 기억하다 used to [juːst tuː] ~하곤 했다
still [stɪl] 여전히

1:20 lie [laɪ] 눕다, 위치하다 memory ['meməri] 기억, 추억

1:28 stars [stɑːrz] 별들

1:45 photograph ['foʊtə,græf] 사진 though [ðoʊ] 비록 ~라도 somehow ['sʌm,haʊ] 어떻게든
mirror ['mɪrər] 거울 soul [soʊl] 영혼 hole [hoʊl] 구멍 living ['lɪvɪŋ] 살아가는 (것)
right now [raɪt naʊ] 지금 바로

92 위 Everybody / **Backstreet Boys**

3:46
★★★

에브리바디 / 백스트리트 보이즈

가사/듣기

작곡 맥스 마틴, 데니즈 팝 **노래** 백스트리트 보이즈 **국적** 미국 **발표** 1997 **장르** 댄스 팝

0:00	everybody [ˈɛvriˌbɑdi] 모두 rock [rɑk] 흔들다, 바위 body [ˈbɑdi] 몸 backstreet [ˈbækˌstriːt] 뒷골목 alright [ɔːlˈraɪt] 좋아
0:27	back [bæk] 돌아가다 again [əˈgɛn] 다시 brothers [ˈbrʌðərz] 형제들 sisters [ˈsɪstərz] 자매들 sing [sɪŋ] 노래하다 flavor [ˈfleɪvər] 맛 show [ʃoʊ] 보여주다 question [ˈkwɛstʃən] 질문 answer [ˈænsər] 답하다
0:45	original [əˈrɪdʒɪnəl] 독창적인 sexual [ˈsɛkʃuəl] 섹시한 throw [θroʊ] 던지다
1:29	hands [hændz] 손들 air [er] 공기 wave [weɪv] 흔들다 care [ker] 신경 쓰다
1:38	party [ˈpɑrti] 파티 yell [jɛl] 소리치다
2:40	afraid [əˈfreɪd] 두려운 fear [fɪr] 두려움 music [ˈmjuːzɪk] 음악

93 위 Making Love Out of Nothing at All / **Air Supply**

5:42
★★★★

메이킹 러브 아웃 오브 낫싱 앳 올 / 에어 서플라이

가사/듣기

작곡 짐 스타인맨 **노래** 에어 서플라이 **국적** 호주 **발표** 1983 **장르** 소프트 록

0:21	whisper [ˈwɪspər] 속삭이다 answers [ˈænsərz] 답변들 lie [laɪ] 거짓말하다
0:35	fake [feɪk] 가짜인 scheme [skiːm] 책략을 꾸미다 truth [truːθ] 진실
0:53	prove [pruːv] 증명하다 fading [ˈfeɪdɪŋ] 사라지는 (것)
1:18	rich [rɪtʃ] 부, 재산 fame [feɪm] 명성 rules [ruːlz] 규칙들 break [breɪk] 깨뜨리다
2:18	rays [reɪz] 광선들 streaming [ˈstriːmɪŋ] 흐르는 (것) waves [weɪvz] 물결들 spotlight [ˈspɑːtˌlaɪt] 집중된 조명
2:33	rhythm [ˈrɪðm] 리듬 beacon [ˈbiːkən] 봉화, 신호등
3:13	stumble [ˈstʌmbl] 넘어지다 tackle [ˈtækəl] 달려들다 whistle [ˈwɪsəl] 휘파람 stadiums [ˈsteɪdiəmz] 경기장들
3:32	dawn [dɔːn] 새벽 demons [ˈdiːmənz] 악마들 crawl [krɔːl] 기어가다

94위 Killing Me Softly with His Song

4:46
★★★ / **Roberta Flack** 킬링 미 소프틀리 위드 히즈 송 / 로베타 플랙

 가사/듣기

작곡 찰스 폭스 **노래** 로버타 플랙 **국적** 미국 **발표** 1973 **장르** 소울, R&B

0:00 **strumming** [ˈstrʌmɪŋ] 연주하는 (것) **softly** [ˈsɔːftli] 부드럽게 **telling** [ˈtɛlɪŋ] 말하는 (것)
style [staɪl] 스타일

1:00 **a while** [ə waɪl] 잠시 **stranger** [ˈstreɪndʒər] 낯선 사람

1:40 **flushed** [flʌʃt] 붉어진 **fever** [ˈfiːvər] 열병 **embarrassed** [ɪmˈbærəst] 당황한
crowd [kraʊd] 군중 **letters** [ˈletərz] 편지들

1:56 **prayed** [preɪd] 기도했다 **finish** [ˈfɪnɪʃ] 끝내다

2:36 **despair** [dɪˈspeər] 절망 **looked** [lʊkt] 보았다 **singing** [ˈsɪŋɪŋ] 노래하는 (것)
clear [klɪər] 명확한 **strong** [strɒŋ] 강한

 95위 Wind of Change / **Scorpions**

5:11
★★★ 윈드 오브 체인지 / 스콜피온스

 가사/듣기

작곡 클라우스 마이네, 루돌프 쉥커 **노래** 클라우스 마이네 **국적** 독일 **발표** 1990 **장르** 하드 록

0:22 **follow** [ˈfɑːloʊ] 따르다 **Moskva** [ˈmɑːskvə] 모스크바 (러시아의 수도)
Gorky [ˈgɔːrki] 고르키 (러시아의 도시) **change** [tʃeɪndʒ] 변화 **August** [ɑːˈgʌst] 8월
soldiers [ˈsoʊldʒərz] 병사들 **closing** [ˈkloʊzɪŋ] 닫히는 (것) **brothers** [ˈbrʌðərz] 형제들

1:29 **everywhere** [ˈɛvriˌwer] 어디에서나 **blowing** [ˈbloʊɪŋ] 불어오는 (것)

1:40 **magic** [ˈmædʒɪk] 마법 **moment** [ˈmoʊmənt] 순간 **glory** [ˈglɔːri] 영광
children [ˈtʃɪldrən] 아이들 **dream** [driːm] 꿈꾸다

2:06 **distant** [ˈdɪstənt] 먼, 멀리 떨어진 **memories** [ˈmeməriz] 기억들 **buried** [ˈberid] 묻혀진

2:47 **share** [ʃeər] 공유하다

3:16 **straight** [streɪt] 똑바로, 똑바른 **storm** [stɔːrm] 폭풍 **freedom** [ˈfriːdəm] 자유
peace [piːs] 평화 **balalaika** [ˌbɑːləˈlaɪkə] 발라라이카 (러시아의 현악기)

96위 I Dreamt I Dwelt in Marble Halls / **Sumi Jo**

3:51
★★★★★

아이 드렘트 아이 드웰트 인 마블 할즈 / 조수미

가사/듣기

작곡 마이클 윌리엄 발페 **노래** 조수미 **국적** 한국 **발표** 2021 **장르** 클래식

0:16 **dwelt** [dwelt] 거주했다 **marble** [ˈmɑːrbl] 대리석 **halls** [hɔːlz] 큰 방들 **vassals** [ˈvæsəl] 신하들
serf [sɜːrf] 노비

0:32 **assembled** [əˈsembld] 모였다 **riches** [ˈrɪtʃɪz] 부, 재산들 **count** [kaʊnt] 세다

0:56 **ancestral** [ænˈsestrəl] 선조의 **pleased** [pliːzd] 기뻐하는 **same** [seɪm] 같은

1:55 **suitors** [ˈsuːtər] 구혼자들 **knights** [naɪts] 기사들 **bended** [ˈbendɪd] 굽혀진
vow [vaʊ] 맹세하다, 서약하다 **maiden** [ˈmeɪdən] 처녀, 미혼 여성
withstand [wɪθˈstænd] 견디다

2:19 **pledged** [pledʒd] 맹세했다 **faith** [feɪθ] 믿음, 신뢰 **noble** [ˈnoʊbl] 고귀한 **host** [hoʊst] 주인
forth [fɔːrθ] 앞으로 **claim** [kleɪm] 주장하다, 요구하다

2:45 **charmed** [tʃɑːrmd] 매혹했다

97위 It's Gonna Be Me / **'N SYNC**

3:12
★★★

잇츠 고너 비 미 / 엔 싱크

가사/듣기

작곡 맥스 마틴, 안드레아스 칼손, 라미 야곱 **노래** 엔싱크 **국적** 미국 **발표** 2000 **장르** 팝, 댄스 팝

0:05 **gonna** [ˈɡɒnə] ~할 것이다 **might've** [ˈmaɪtəv] ~했을지도 모른다
ain't [eɪnt] ~이 아니다 (구어체) **babe** [beɪb] 자기, 아기 **lie** [laɪ] 거짓말

0:25 **remember** [rɪˈmembər] 기억하다 **believe** [bɪˈliːv] 믿다 **cry** [kraɪ] 울다

0:38 **enough** [ɪˈnʌf] 충분한 **lose** [luːz] 잃다 **finally** [ˈfaɪnəli] 마침내, 결국

0:53 **guess** [ɡes] 추측하다

1:00 **choice** [tʃɔɪs] 선택 **move on** [muːv ɒn] 계속 나아가다 **time** [taɪm] 시간
waste [weɪst] 낭비하다

1:10 **blind** [blaɪnd] 눈이 먼 **deny** [dɪˈnaɪ] 부인하다

1:55 **come** [kʌm] 오다 **see** [siː] 보다 **get** [ɡet] 얻다 **somebody** [ˈsʌmbɒdi] 어떤 사람
gonna [ˈɡɒnə] ~할 것이다 (doing to의 비표준 영어 표현)

Early in the Morning / **Cliff Richard**

얼리 인 더 모닝 / 클리프 리처드

가사/듣기

작곡 마이크 레앤더, 에디 시고 **노래** 클리프 리처드 **국적** 영국 **발표** 1962 **장르** 록

0:13 evening ['i:vnɪŋ] 저녁

0:33 morning ['mɔːrnɪŋ] 아침　windows ['wɪndoʊz] 창문들　dawning ['dɔːnɪŋ] 새벽이 오는 (것)　air [ɛər] 공기　good [gʊd] 좋은

0:45 sun [sʌn] 태양　yellow ['jɛloʊ] 노란색　meadow ['mɛdoʊ] 목초지　tell [tɛl] 말하다

0:54 home [hoʊm] 집　night [naɪt] 밤　clear [klɪər] 명확한

1:02 near [nɪər] 가까운

1:20 warning ['wɔːrnɪŋ] 경고　vibration [vaɪˈbreɪʃən] 진동　sneaking ['sniːkɪŋ] 몰래하는 (것)

1:27 songbird ['sɔːŋbərːd] 노래하는 새　pillow ['pɪloʊ] 베개　fun [fʌn] 재미
weeping ['wiːpɪŋ] 우는 (것)　willow ['wɪloʊ] 버드나무　born [bɔːrn] 태어난　life [laɪf] 삶

Everytime You Go Away / **Paul Young**

에브리타임 유 고 어웨이 / 폴 영

가사/듣기

작곡 대릴 홀 **노래** 폴 영 **국적** 영국 **발표** 1985 **장르** 팝

0:28 solve [sɒlv] 해결하다　problem ['prɑːbləm] 문제　lose [luːz] 잃다　tears [tɪərz] 눈물들
leading ['liːdɪŋ] 이끄는 (것)　appear [əˈpɪr] 등장하다　same [seɪm] 같은

1:08 everything ['ɛvriθɪŋ] 모든 것　away [əˈweɪ] 멀리　piece [piːs] 조각

1:38 free [friː] 자유로운　close [kloʊs] 가까운　body ['bɑːdi] 몸　move [muːv] 움직이다

1:56 mean [miːn] 의미하다　go on [goʊ ɑːn] 계속하다

2:13 even though ['iːvn ðoʊ] 비록 ~라 하더라도

100위 Can't Fight the Moonlight / **LeAnn Rimes**

3:35
★★★

캔트 파이트 더 문라이트 / 리앤 라임즈

가사/듣기

작곡 다이안 워렌 **노래** 리앤 라임스 **국적** 미국 **발표** 2000 **장르** 컨트리 팝

0:11 **gonna** [ˈɡʌnə] ~하려고 하다 **fall** [fɔːl] 넘어지다 **'til** [tɪl] ~까지

0:27 **underneath** [ˌʌndərˈniːθ] ~아래에 **starlight** [ˈstɑːrlaɪt] 별빛 **magical** [ˈmædʒɪkəl] 마법의

0:41 **resist** [rɪˈzɪst] 저항하다 **hide** [haɪd] 숨다

0:52 **surrender** [səˈrɛndər] 항복하다 **heart** [hɑːrt] 마음 **moonlight** [ˈmuːnlaɪt] 달빛

1:10 **escape** [ɪˈskeɪp] 탈출하다 **gentle** [ˈdʒɛntl] 부드러운 **breeze** [briːz] 미풍
weave [wiːv] 엮다 **spell** [spɛl] 주문 **matter** [ˈmætər] 중요하다

1:34 **rhythm** [ˈrɪðm] 리듬

101위 The Power of Love / **Jennifer Rush**

5:46
★★★

더 파워 오브 러브 / 제니퍼 러쉬

가사/듣기

작곡 건터 멘데, 캔디 드루즈, 메리 수잔 애플리게이트 **노래** 제니퍼 러시 **국적** 미국 **발표** 1984 **장르** 발라드

0:00 **whispers** [ˈwɪspərz] 속삭임들 **tight** [taɪt] 꽉 끼는 **rolling** [ˈroʊlɪŋ] 굴러가는 (것)
thunder [ˈθʌndər] 번개

0:28 **hold on** [hoʊld ɒn] 기다리다 **tender** [ˈtɛndər] 부드러운

0:51 **forsake** [fərˈseɪk] 포기하다 **reach** [riːtʃ] 뻗다

1:24 **lost** [lɔːst] 잃어버린 **outside** [ˌaʊtˈsaɪd] 외부의 **end** [ɛnd] 끝나다

1:59 **seem** [siːm] 보이다 **wonder** [ˈwʌndər] 궁금해하다 **always** [ˈɔːlweɪz] 항상 **side** [saɪd] 옆

2:46 **heading** [ˈhɛdɪŋ] 향해 가는 (것) **somewhere** [ˈsʌmwɛər] 어딘가 **frightened** [ˈfraɪtnd] 두려운
ready [ˈrɛdi] 준비된 **learn** [lɜːrn] 배우다 **power** [ˈpaʊər] 힘 **sound** [saʊnd] 소리

3:17 **beating** [ˈbiːtɪŋ] 박동 **clear** [klɪr] 명확한 **suddenly** [ˈsʌdənli] 갑자기

3:30 **feeling** [ˈfiːlɪŋ] 느낌 **go on** [ɡoʊ ɒn] 계속 하다 **light years** [laɪt jɪərz] 광년

102 위

We Are the Champions / **Queen**

3:00
위 아 더 챔피언스 / 퀸
★★★★

가사/듣기

작곡/노래 퀸 **국적** 영국 **발표** 1977 **장르** 아레나 록

0:00 paid [peɪd] 지불했다 dues [duːz] 회비들, 채무들 sentence ['sentəns] 판결, 문장
committed [kə'mɪtɪd] 저지른 mistakes [mɪ'steɪks] 실수들 share [ʃeər] 부분, 몫
sand [sænd] 모래 kicked [kɪkt] 찼다

0:35 champions ['ʧæmpɪənz] 챔피언들 fighting ['faɪtɪŋ] 싸우는 (것)

0:57 losers ['luːzərz] 패자들 bows [baʊz] 인사들

1:18 curtain ['kɜːrtn] 커튼 calls [kɔːlz] 호출들 fame [feɪm] 명성 fortune ['fɔːrʧuːn] 재산

1:31 roses ['roʊzɪz] 장미들 pleasure ['plɛʒər] 즐거움 cruise [kruːz] 크루즈
consider [kən'sɪdər] 고려하다 challenge ['ʧælɪndʒ] 도전 human ['hjuːmən] 인간의
race [reɪs] 인종 ain't [eɪnt] ~이 아니다 (비표준) lose [luːz] 잃다, 지다

103위 As Long As You Love Me / **Backstreet Boys**

3:40
★★★

애즈 롱 애즈 유 러브 미 / 백스트리트 보이즈

가사/듣기

작곡 맥스 마틴 **노래** 백스트리트 보이즈 **국적** 미국 **발표** 1997 **장르** 댄스 팝

0:19 **although** [ɔːlˈðoʊ] 비록 ~라도 **loneliness** [ˈloʊnliːnɪs] 외로움 **leaving** [ˈliːvɪŋ] 남기고 떠나는
hands [hændz] 손들 **blind** [blaɪnd] 눈이 먼 **risk** [rɪsk] 위험(을 감수하다)
glance [glæns] 흘낏 보기

0:38 **mystery** [ˈmɪstəri] 미스터리, 수수께끼 **written** [ˈrɪtən] 써진, 썼다 (write의 과거분사형)
history [ˈhɪstəri] 역사

0:57 **care** [keər] 신경 쓰다 **did** [dɪd] 했다 (do의 과거형)

1:33 **seems** [siːmz] ~처럼 보이다 **meant** [ment] 의미했다, ~을 의도하다

2:19 **tried** [traɪd] 시도했다 **hide** [haɪd] 숨다, 감추다 **so that** [soʊ ðæt] ~하기 위해서
guess [ges] 추측하다, 짐작하다 **show** [ʃoʊ] 보여주다 **eyes** [aɪz] 눈들

When I Dream / **Crystal Gayle**

작곡 샌디 메이슨 **노래** 크리스탈 게일 **국적** 미국 **발표** 1979 **장르** 컨트리

작품성

대중성

노래
난이도

재미

영어
난이도

웬 아이 드림 / **크리스탈 게일**

Crystal Gayle

컨트리 가수로 유명한 로레타 린(Loretta Lynn)의 여동생이다. 발 끝에 닿을 정도로 긴 머리와 화려한 의상으로 잘 알려져있다. 1970년에 데뷔했고, 1977년의 Don't It Make My Brown Eyes Blue가 컨트리 차트에서 1위를 했다.

When I Dream

영화 쉬리에 캐롤 키드가 부른 노래가 들어가면서, 한국에서는 캐롤 키드가 부른 것이 더 유명하다. 다만, 이 책에서 원곡과 크게 다르지 않으면 되도록 원곡을 넣고 싶어서, 크리스탈 게일의 노래로 넣었다. 가사는 공주병이 있는 여자가 미래의 백마탄 왕자님(?)을 상상하는 내용이다.

104 When I Dream

3:24

0:13 I have a mansion
아 해버 맨션

that is higher than the ▸_____.
대리ㅈ 하이어 댄너

I could have all the ▸_____ I want,
아 쿤 해벌 더 싸이 원ㅌ

and never ask please.
앤 네벌 애ㅅㅋ 플리이ㅈ

0:35 I could _____ to Paris,
아 쿤 루 패리ㅆ

oh, that's ▸▸ at my beck and call.
오 댙ㅊ 앹 마이 베깬 컬

▸_____ do I go through life
두 아이고 ㄸ루 라이ㅍ

with nothing at all?
윋 낟띵 애럴

0:58 But when I dream, I dream of ▸▸▸ you.
벝 웨나이 ㄷ뤼ㅁ 아 ㄷ뤼머뷰

Maybe someday you will come true.
메이비 썸데이 유 윌 컴 트루

내가 꿈꿀 때

저는 대저택을 가질 수도could 있어요
쿨

그 나무들보다trees 더 큰 별장을요.
트뤼즈

▶ than의 n과 the 발음
이 부딪혀서 '댄더'로
읽지 않고 '대너'로 읽
었다.

저는 원하는 모든 선물을gifts 가질 수도 있어요,
기픝

절대로 부탁하며 요청하지 않고도요.

저는 파리로 날아갈fly 수도 있어요,
플라이

저것은 제가 손짓으로 부르면 되지요.

▶▶ it's로 되어있는 가사
도 있지만, 크리스탈
게일은 that's로 불러
서 that's로 넣었다.

왜Why 제가 삶을 살아갈까요
와이

(그런 것들) 전부 없이?

하지만 제가 꿈꿀 때, 당신에 대해 꿈꿔요.

아마도 언젠가는 당신이 실제로 나타나겠지요.

▶▶▶ dream, think 등은 주
로 자동사로 쓰기에
you를 목적어로 쓰려
면 전치사(of, about
등)를 써야 한다.

1:45 I can be the _____

아이 캔 **비** 더

or the clown in every room.

얼 더 **클**라우닌 에브리 룸

I can even call up someone

아 캔 이븐 **컬** 써뭔

to _____ me to the moon.

투 미 투 더 문

2:08 I can put my makeup on,

아 캔 **풀** 마이 메이컾뽄

and drive the men insane.

앤 ㄷ**롸**입 더 메닌쎄인

I can go to bed alone,

아 캔 **고**우 투 베덜론

and never _____ his name.

앤 네벌 히즈 네임

2:32 ▶

2:54 ▶

저는 가수가 될 수 있어요 singer ,
씽어

아니면 광대가 될 수 있어요/ 어떤 방에서든지요.

저는 심지어 누군가를 불러낼 수 있지요

저를 달에 데려갈 take (누군가를요).
테익

저는 화장을 할 수 있어요,

그래서 남자들을 미치도록 몰아갈 (수 있지요).

저는 침대에 혼자 갈 수 있지요,

그래서 그의 이름은 절대 알 know (수) 없지요.
노우

▸ and 뒤에 동사(drive)
가 나왔으므로, 앞에
서 동사(put)를 찾고,
동사 앞의 내용(I can)
이 생략된 것을 알 수
있다.

패턴 I could have a mansion.

583,000회

could는 can을 약하게 해서 쓴다. can이 '할 '수' 있다'라면(1~100%), could는 '할 '수도' 있다'이다(1~30%). I can have a mansion이 '나는 (지금/혹은 미래에) 한 별장을 가질 수 있다'라면, I could have a mansion은 '나는 (지금/혹은 미래에) 한 별장을 가질 수도 있다'이다.

이처럼 조동사의 과거는 주로 현재나 미래에 있을 일에 대해서 쓴다. 이 곡(When I dream)의 1절에서는 could를 써서 더 있기 어려운 일들(대저택, 파리에 가는 것 등)에 대해 말하고, 곡의 2절에서는 can을 써서 가능성이 높은 일들(가수가 되는 것, 누군가를 불러내는 것 등)에 대해 말하고 있다.

(1) 너는 결국 혼자만 (남겨진) 사람이 될 수도 있지.   14,600,000회
힌트 end up   발췌 Englishman in New York

_____ _____ _____ _____ as the only one.
　누가　　한다　　한다　　한다

(2) 우리는 그것을 모두 잃을 수도 있어요.   576,000회
힌트 lose   발췌 When Love Takes Over

_____ _____ _____ _____ all.
　누가　　한다　　한다　　무엇을

(3) 누구든 저 남자가 될 수도 있어요.   177,000회
힌트 guy   발췌 Dancing Queen

_____ _____ _____ _____ _____
　누가　　상태모습　상태모습　어떤　　어떤

166   정답 ① You could end up as the only one. ② We could lose it all. ③ Anybody could be that guy.

회화

Have you seen the man? 그 남자 봤어?
He's really funny. 정말 웃기던데.

Anybody could be that guy 누구든 그 남자가 될 수 있어
only if they're crazy. 그들이 미친 경우에만.

나는 그 사람이 될 수도 있어.

I could be the one.
92,000,000 회

나는 (너에게) 한 친구가 될 수도 있어.

I could be a friend (to you).
65,300,000 회

내가 틀릴 수도 있어.

I could be wrong.
24,900,000 회

105 The Rose / **Bette Midler**

3:34
★★★★
더 로즈 / 베트 미들러

가사/듣기

작곡 아만다 맥브룸 **노래** 베티 미들러 **국적** 미국 **발표** 1980 **장르** 발라드

0:15 **drown** [draʊn] 익사시키다　**tender** ['tɛndər] 연한　**reed** [riːd] 갈대

0:22 **razor** ['reɪzər] 면도칼　**bleed** [bliːd] 피를 흘리다

0:38 **hunger** ['hʌŋgər] 배고픈　**aching** ['eɪkɪŋ] 아픈 (것)　**seed** [siːd] 씨앗

1:13 **breaking** ['breɪkɪŋ] 깨지는 (것)　**learn** [lɜːrn] 배우다　**dance** [dæns] 춤

1:27 **waking** ['weɪkɪŋ] 깨어나는 (것)　**chance** [ʧæns] 기회

1:42 **taken** ['teɪkən] 잡힌　**dyin'** ['daɪɪn] 죽는 (것)　**live** [lɪv] 살다

2:15 **lonely** ['loʊnli] 외로운　**road** [roʊd] 길

2:29 **lucky** ['lʌki] 행운 있는　**strong** [strɔːŋ] 강한　**winter** ['wɪntər] 겨울　**beneath** [bɪ'niːθ] ~아래에
bitter ['bɪtər] 쓴　**snow** [snoʊ] 눈　**spring** [sprɪŋ] 봄

106 Andante, Andante / **Abba**

4:38
★★★
안단테, 안단테 / 아바

가사/듣기

작곡/노래 아바 **국적** 스웨덴 **발표** 1980 **장르** 발라드

0:34 **gently** ['ʤentli] 부드럽게　**evening** ['iːvnɪŋ] 저녁　**breeze** [briːz] 산들바람
andante [æn'dænteɪ] 안단테 (약간 느리게)　**feeling** ['fiːlɪŋ] 느낌　**grow** [groʊ] 자라다

0:58 **soft** [sɔːf] 부드러운　**light** [laɪt] 가벼운　**velvet** ['vɛlvɪt] 벨벳　**soul** [soʊl] 영혼

1:26 **music** ['mjuːzɪk] 음악　**song** [sɔːŋ] 노래　**play** [pleɪ] 연주하다　**again** [ə'gɛn] 다시
strong [strɔːŋ] 강한　**tread** [trɛd] 밟다

1:40 **sing** [sɪŋ] 노래하다　**sound** [saʊnd] 소리내다　**please** [pliːz] 제발

2:12 **shimmer** ['ʃɪmər] 반짝임　**thousand** ['θaʊzənd] 천 개의　**butterflies** ['bʌtəflaɪz] 나비들
talk [tɔːk] 말하다

2:36 **float** [floʊt] 떠다니다

107위 End of the Road / **Boyz II Men**

5:31
★★★

엔드 오브 더 로드 / 보이즈 투 멘

가사/듣기

작곡 베이비 페이스, 엘에이 리드 핸드로 **노래** 보이즈 투 멘 **국적** 미국 **발표** 1992 **장르** 컨템퍼러리 R&B

| 0:22 | belong [bɪ'lɔŋ] 속하다 play [pleɪ] 놀다, 장난치다 |

0:22 belong [bɪ'lɔŋ] 속하다 play [pleɪ] 놀다, 장난치다

0:35 mind [maɪnd] 마음, 정신 forever [fə'revər] 영원히

0:58 cry [kraɪ] 울다 pain [peɪn] 통증 sleep [sliːp] 잠을 자다 tight [taɪt] 꽉, 단단히

1:09 head [hed] 머리 dead [ded] 죽은 spin [spɪn] 회전하다

1:17 end [end] 끝 road [roʊd] 길, 도로 go [goʊ] 가다, 떠나다 let [let] 내버려두다, 허락하다
unnatural [ʌn'nætʃrəl] 자연스럽지 않은

2:03 realize ['riːəlaɪz] 깨닫다 forgive [fər'gɪv] 용서하다 happy ['hæpi] 행복한

2:46 instead [ɪn'sted] 대신에 bed [bed] 침대

3:52 lonely ['loʊnli] 외로운

108위 Right Here Waiting / **Richard Marx**

4:24
★★★

라잇 히어 웨이팅 / 리차드 막스

가사/듣기

작곡 리처드 막스, 브루스 가이츠 **노래** 리처드 막스 **국적** 미국 **발표** 1989 **장르** 발라드

0:46 oceans ['oʊʃənz] 바다들 apart [ə'pɑːrt] 따로 slowly ['sloʊli] 천천히
insane [ɪn'seɪn] 미친

0:56 voice [vɔɪs] 목소리 line [laɪn] 선

1:03 doesn't ['dʌzənt] ~하지 않다 stop [stɑːp] 멈추다 pain [peɪn] 아픔 forever [fə'revər] 영원히

1:18 wherever [wer'evər] 어디든지 waiting ['weɪtɪŋ] 기다리는 (것)

1:28 take [teɪk] 가져가다 break [breɪk] 부수다

1:45 granted ['græntɪd] 당연하게 받아들이는 laughter ['læftər] 웃음 taste [teɪst] 맛보다
tears [tɪrz] 눈물들 near [nɪr] 가까이 crazy ['kreɪzi] 미친

2:39 wonder ['wʌndər] 궁금해하다 survive [sər'vaɪv] 살아남다 romance [roʊ'mæns] 연애

2:54 chance [tʃæns] 기회

A Tale That Wasn't Right / **Helloween**
4:44
★★★★
어 테일 댓 워즌트 라이트 / 헬로윈

가사/듣기

작곡 마이클 바이카스 **노래** 마이클 키스케 **국적** 독일 **발표** 1987 **장르** 파워 메탈

0:33 **alone** [əˈloʊn] 혼자 **mind** [maɪnd] 마음 **stone** [stoʊn] 돌 **filled** [fɪld] 채워진 **ice** [aɪs] 얼음

0:57 **avoid** [əˈvɔɪd] 피하다 **breakin'** [ˈbreɪkɪŋ] 깨지는 (것) (=breaking) **twice** [twaɪs] 두 번

1:06 **dear** [dɪr] 소중한 **tale** [teɪl] 이야기

1:43 **soul** [soʊl] 영혼 **pay** [peɪ] 지불하다 **hate** [heɪt] 싫어하다 **toll** [toʊl] 통행료 **strong** [strɔːŋ] 강한 **young** [jʌŋ] 젊은 **bold** [boʊld] 대담한

2:18 **confidence** [ˈkɑːnfɪdəns] 자신감

3:50 **bought** [bɔːt] 샀다 **sold** [soʊld] 팔았다

4:05 **play** [pleɪ] 연주하다 **again** [əˈgen] 다시

Uptown Girl / **Westlife**
3:07
★★★★
업타운 걸 / 웨스트라이프

가사/듣기

작곡 빌리 조엘 **노래** 웨스트라이프 **국적** 아일랜드 **발표** 2001 **장르** 댄스 팝

0:09 **uptown** [ˌʌpˈtaʊn] 도시의 부촌 **backstreet** [ˈbæk.striːt] 뒷골목 **bet** [bet] 확신하다 **mama** [ˈmɑːmə] 엄마

0:26 **white bread** [ˌwaɪt ˈbred] 대중적인, 평범한 (평범하거나 상상력이 부족한 것을 비유함) **blood** [blʌd] 피 (열정적인 성격) **downtown** [ˈdaʊn.taʊn] 도시의 중심부

0:54 **tough** [tʌf] 힘든, 강인한

1:08 **high class** [ˌhaɪˈklæs] 고급의 **toys** [tɔɪz] 장난감들 **presents** [ˈprezns] 선물들

1:33 **can't afford to** [kænt əˈfɔːrd tuː] 할 여유가 없다 **pearls** [pɜːrlz] 진주들 **someday** [ˈsʌmˌdeɪ] 언젠가

1:39 **ship comes in** [ʃɪp kʌmz ɪn] 배가 들어온다 ('성공한다, 운이 생기다'는 뜻의 관용구)

1:43 **win** [wɪn] 이기다, 성공하다 **fine** [faɪn] 멋진

111위 Heaven / **Bryan Adams**

4:03
★★★

헤븐 / 브라이언 아담스

가사/듣기

작곡 브라이언 아담스, 짐 밸런스 **노래** 브라이언 아담스 **국적** 캐나다 **발표** 1984 **장르** 소프트 록

0:17 thinkin' [ˈθɪŋkɪn] 생각하는 (것) (=thinking) wild [waɪld] 야생의 free [friː] 자유로운

0:30 nothin' [ˈnʌθɪn] 아무것도 ~하지 않다 comin' [ˈkʌmɪn] 오는 (것) (=coming)

0:50 lyin' [ˈlaɪɪn] 누워있는 (것) (=lying) arms [ɑːrmz] 팔들 findin' [ˈfaɪndɪn] 찾는 (것)
believe [bɪˈliːv] 믿다 heaven [ˈhɛvn] 천국

1:24 once [wʌns] 한번 turn [tɜːrn] 돌리다, 바뀌다 world [wɜːrld] 세상 around [əˈraʊnd] 주위
bring [brɪŋ] 가져오다 feelin' [ˈfiːlɪn] 느끼는 (것) down [daʊn] 아래로

1:37 change [ʧeɪnʤ] 바꾸다 mean [miːn] 의미하다 lot [lɒt] 많음

1:50 light [laɪt] 빛 way [weɪ] 길

2:26 waitin' [ˈweɪtɪn] 기다리는 (것) arrive [əˈraɪv] 도착하다 standin' [ˈstændɪn] 서있는 (것)

112위 I Just Called to Say I Love You / **Stevie Wonder**

4:22
★★★

아이 저스트 콜드 투 세이 아이 러브 유 / 스티비 원더

가사/듣기

작곡/노래 스티비 원더 **국적** 미국 **발표** 1984 **장르** 소울

0:08 New Year's Day [njuː jɪərz deɪ] 새해의 날 celebrate [ˈsɛlɪbreɪt] 축하하다
chocolate [ˈʧɒklɪt] 초콜릿 covered [ˈkʌvərd] 덮인 candy [ˈkændi] 사탕
hearts [hɑːrts] 마음들 give away [gɪv əˈweɪ] 나눠주다

0:24 spring [sprɪŋ] 봄 ordinary [ˈɔːrdəˌneri] 평범한

0:41 April [ˈeɪprəl] 4월 bloom [bluːm] 피다 wedding [ˈwedɪŋ] 결혼식 June [ʤuːn] 6월

1:15 just [ʤʌst] 막, 단지 called [kɔːld] 전화했다, 불렀다 bottom [ˈbɒtəm] 바닥

1:49 summer [ˈsʌmər] 여름 July [ʤʊˈlaɪ] 7월

1:58 harvest [ˈhɑːrvɪst] 수확 autumn [ˈɔːtəm] 가을 tender [ˈtɛndər] 부드러운

2:06 breeze [briːz] 산들바람 southern [ˈsʌðərn] 남부의

2:23 Libra [ˈliːbrə] 천칭자리 Halloween [ˌhæləʊˈiːn] 할로윈 Christmas [ˈkrɪsməs] 크리스마스

113위 The Sad Cafe / **Eagles**

5:32
★★★★

더 새드 카페 / 이글스

가사/듣기

작곡/노래 이글스 **국적** 미국 **발표** 1979 **장르** 소프트 록

0:40 shiny ['ʃaɪni] 반짝이는 softly ['sɔːftli] 부드럽게 tracks [træks] 길들
boulevard ['buləvɑːrd] 대로 washed [wɑːʃt] 씻겨진

1:00 silver ['sɪlvər] 은빛인

1:20 holy ['houli] 성스러운 protected [prə'tektɪd] 보호받는 grace [greɪs] 은혜

1:39 change [tʃeɪndʒ] 변화 freedom ['friːdəm] 자유 crowd [kraʊd] 무리

1:57 expecting [ɪk'spektɪŋ] 기대하는 (것) shore [ʃɔːr] 해안 passed [pæst] 지나간

2:54 clouds [klaʊdz] 구름들 glory ['glɔːri] 영광

3:22 fortune ['fɔːrtʃuːn] 운명 smiles [smaɪlz] 미소들

3:32 drawn [drɔːn] 그려진 recall [rɪ'kɔːl] 회상하다 slowly ['slouli] 느리게

4:00 midnight ['mɪdnaɪt] 자정 baby [beɪbɪ] 자기 (애칭)

114위 Living Next Door to Alice / **Smokie**

3:29
★★★★

리빙 넥스트 도어 투 앨리스 / 스모키

가사/듣기

작곡 니키 친, 마이크 채프먼 **노래** 스모키 **국적** 영국 **발표** 1976 **장르** 포크 록

0:14 suppose [sə'pouz] 추측하다 rush [rʌʃ] 서두르다 hardly ['hɑːrdli] 거의 ~않다
limousine [ˌlɪmə'ziːn] 리무진 (길게 이어 붙인 자동차)

0:39 leaving ['liːvɪŋ] 떠나는 (것) gonna ['gɑːnə] ~할 것이다 reasons ['riːznz] 이유들
years [jɪrz] 연도들 chance [tʃæns] 기회

1:02 door [dɔːr] 문 used to [juːst tuː] ~하곤 했다 glance [glæns] 흘끔보다

1:15 carved [kɑːrved] 새겨진 initials [ɪ'nɪʃəlz] 이니셜들, 첫글자들 bark [bɑːrk] 나무 껍질

1:30 moment ['moumənt] 순간 caught [kɔt] 잡았다 slowly ['slouli] 천천히 believe [bɪ'liːv] 믿다

2:13 call back [kɔːl bæk] 다시 전화하다 felt [felt] 느꼈다 help [help] 돕다
get over [get 'ouvər] ~을 극복하다

2:31 disappeared [ˌdɪsə'pɪrd] 사라졌다

115 위 Shape of My Heart / **Backstreet Boys**

3:50
★★★

쉐이프 오브 마이 하트 / 백스트리트 보이즈

가사/듣기

작곡 맥스 마틴, 리사 미스코브스키 **노래** 백스트리트 보이즈 **국적** 미국 **발표** 2000 **장르** 댄스 팝

0:15 forgive [fərˈgɪv] 용서하다 　put out [pʊt aʊt] 끄다, 내다 　glow [gloʊ] 빛, 빛나다

0:30 bother [ˈbɑːðər] 귀찮게 하다 　weaker [ˈwiːkər] 약해지다

0:49 looking back [ˈlʊkɪŋ bæk] 돌아보는 (것) 　someone [ˈsʌmwʌn] 누군가
played [pleɪd] 연기했다 　part [pɑːrt] 부분, 역할 　dark [dɑːrk] 어둠 　show [ʃoʊ] 보여주다
shape [ʃeɪp] 모양 　heart [hɑːrt] 마음

1:13 sadness [ˈsædnəs] 슬픔 　loneliness [ˈloʊnlinəs] 외로움 　tragical [ˈtrædʒɪkəl] 비극적인

1:23 win [wɪn] 이기다 　war [wɔːr] 전쟁 　touch [tʌtʃ] 만지다

2:13 confession [kənˈfeʃən] 고백 　hide [haɪd] 숨기다 　start [stɑːrt] 시작하다

2:43 never [ˈnevər] 절대로 ~하지 않다 　same old [seɪm oʊld] 늘 같은 　keep [kiːp] 유지하다
true [truː] 진정한

116 위 The Boxer / **Simon & Garfunkel**

5:08
★★★★★

더 복서 / 사이먼 앤 가펑클

가사/듣기

작곡/노래 사이먼 앤 가펑클 **국적** 미국 **발표** 1969 **장르** 록, 포크 록

0:06 poor [pɔːr] 가난한 　seldom [ˈseldəm] 거의 ~하지 않는 　squandered [ˈskwɒndərd] 낭비했다
resistance [rɪˈzɪstəns] 저항력 　pocketful [ˈpɒkɪtfʊl] 주머니 가득한 　mumble [ˈmʌmbl] 중얼거림

0:19 jest [dʒest] 농담 　disregard [ˌdɪsrɪˈgɑːrd] 무시하다

0:41 strangers [ˈstreɪndʒərz] 낯선 사람들 　quarter [ˈkwɔːrtər] 구역 　ragged [ˈrægɪd] 찢어진, 헤진

1:17 wages [ˈweɪdʒɪz] 급여들 　offers [ˈɔːfərz] 제안들 　whores [hɔːrz] 창녀들

1:31 declare [dɪˈkleər] 확실히 말하다 　lonesome [ˈloʊnsəm] 외로운

2:26 lay out [leɪ aʊt] 배열하다, 펼치다 　clearing [ˈklɪərɪŋ] 빈 공간 　stand [stænd] 서다
boxer [ˈbɒksər] 권투 선수 　fighter [ˈfaɪtər] 싸움꾼 　reminders [rɪˈmaɪndərz] 잔해들
glove [glʌv] 장갑 　cried out [kraɪd aʊt] 외쳤다

3:08 leaving [ˈliːvɪŋ] 떠나는 　remain [rɪˈmeɪn] 남아 있다 　New York City [nuː jɔːrk ˈsɪti] 뉴욕 시

117 _위 Angel / **Sarah McLachlan**

4:30
★★★★

엔젤 / 사라 맥라클란

가사/듣기

작곡/노래 세라 맥라클란 **국적** 캐나다 **발표** 1997 **장르** 알앤비

0:11　spend [spɛnd] 쓰다, 소비하다　chance [ʧæns] 기회　break [breɪk] 휴식　reason ['riːzn̩] 이유

0:36　distraction [dɪˈstrækʃən] 방해, 산만　release [rɪˈliːs] 해방　seep [siːp] 스며들다
　　　vein [veɪn] 정맥　weightless [ˈweɪtlɪs] 무게가 없는

1:01　angel [ˈeɪnʤəl] 천사

1:20　endlessness [ˈɛndləsnəs] 무한함　wreckage [ˈrɛkɪʤ] 잔해　reverie [ˈrɛvəri] 몽상

1:45　comfort [ˈkʌmfərt] 위안

2:10　vultures [ˈvʌlʧərz] 독수리들　thieves [θiːvz] 도둑들　twisting [ˈtwɪstɪŋ] 비트는 (것)
　　　lack [læk] 부족함　escaping [ɪˈskeɪpɪŋ] 탈출하는 (것)

2:39　madness [ˈmædnəs] 광기　glorious [ˈɡlɔːriəs] 영광스러운　sadness [ˈsædnəs] 슬픔
　　　knees [niːz] 무릎들　cold [koʊld] 차가운　fear [fɪər] 두려움

118 _위 Stand by Me / **Ben E. King**

2:58
★★★

스탠드 바이 미 / 벤 이 킹

가사/듣기

작곡 벤 이 킹, 제리 리버, 마이크 스톨러 **노래** 벤 이 킹 **국적** 미국 **발표** 1961 **장르** 소울, R&B

0:16　night [naɪt] 밤　come [kʌm] 오다　land [lænd] 땅　dark [dɑːrk] 어두운

0:24　moon [muːn] 달　only [ˈoʊnli] 유일한　light [laɪt] 빛

0:31　afraid [əˈfreɪd] 두려운

0:43　stand [stænd] 서다, 지탱하다　darlin' [ˈdɑːrlɪn] 자기, 사랑하는 사람 (=darling)
　　　look upon [lʊk ʌˈpɒn] 바라보다

1:09　tumble [ˈtʌmbl] 넘어지다, 무너지다　crumble [ˈkrʌmbəl] 부서지다, 무너지다

1:25　shed [ʃɛd] (눈물을) 흘리다　tear [tɪər] 눈물

2:39　whenever [wɛnˈɛvər] 언제든지　trouble [ˈtrʌbl] 곤란, 문제

My Girl / **The Temptations**

2:45 ★★

마이 걸 / 템테이션스

가사/듣기

작곡 스모키 로빈슨, 로날드 화이트 **노래** 더 템테이션스 **국적** 미국 **발표** 1964 **장르** 소울

0:10 　sunshine ['sʌnʃaɪn] 햇빛　cloudy ['klaʊdi] 흐린　outside [aʊt'saɪd] 외부에서　month [mʌnθ] 월

0:29 　guess [ges] 추측하다　make [meɪk] 만들다　feel [fi:l] 느끼다　girl [gɜrl] (젊은) 여자

0:41 　talkin' ['tɔ:kɪn] 말하는 (것)　'bout [baʊt] ~에 대해 (=about)　honey ['hʌni] 꿀　bees [bi:z] 벌들
　　　envy ['ɛnvi] 부러워하다

0:56 　sweeter ['swi:tər] 더 달콤한　song [sɔ:ŋ] 노래　birds [bɜrdz] 새들　trees [tri:z] 나무들

1:50 　money ['mʌni] 돈　fortune ['fɔ:rtʃu:n] 부　fame [feɪm] 명성　riches ['rɪtʃɪz] 부들, 재산들

2:04 　claim [kleɪm] 주장하다

2:34 　even ['i:vən] 심지어

Smile Again / **Newton Family**

5:19 ★★★

스마일 어게인 / 뉴튼 패밀리

가사/듣기

작곡 존 J. 스탠리, 키스 브라운 **노래** 뉴튼 패밀리 **국적** 미국 **발표** 1992 **장르** 발라드

0:31 　images ['ɪmɪdʒɪz] 이미지들　wondering ['wʌndərɪŋ] 궁금해하는 (것)

0:47 　embrace [ɪm'breɪs] 포옹(하다)　everything ['ɛvriθɪŋ] 모든 것　mean [mi:n] 의미하다

1:02 　forbidden [fər'bɪdn] 금지된　precious ['prɛʃəs] 귀중한　jewel ['dʒu:əl] 보석
　　　need [ni:d] 필요로 하다　showed [ʃoʊd] 보여줬다　soul [soʊl] 영혼
　　　moment ['moʊmənt] 순간　forever [fər'ɛvər] 영원히　lived [lɪvd] 살았다

1:32 　broke [broʊk] 깨트렸다　start [stɑ:rt] 시작

1:54 　lonely ['loʊnli] 외로운　spirit ['spɪrɪt] 영혼　eternity [ɪ'tɜrnɪti] 영원

3:17 　reason ['ri:zn] 이유　memories ['mɛməriz] 기억들　heal [hi:l] 치유하다

3:34 　true [tru:] 사실인　start [stɑ:rt] 시작하다

121
위
3:42
★★

Feelings / **Morris Albert**

필링스 / 모리스 알버트

가사/듣기

작곡 모리스 알버트, 루이 가스테 **노래** 모리스 알버트 **국적** 브라질 **발표** 1974 **장르** 팝, 발라드

0:09   feelings ['fi:lɪŋz] 감정들   nothing ['nʌθɪŋ] 아무것도 아닌 (것)   more [mɔːr] 더 많은
than [ðæn] ~보다   trying ['traɪɪŋ] 시도하는 (것)   forget [fərˈgɛt] 잊다   love [lʌv] 사랑

0:33   teardrops ['tiːrdrɒps] 눈물방울들   rolling ['rəʊlɪŋ] 굴러가는 (것)   down [daʊn] 아래로
face [feɪs] 얼굴

0:58   all [ɔːl] 모든   life [laɪf] 삶   wish [wɪʃ] 바라다   never ['nɛvər] 결코 ~하지 않다
met [mɛt] 만났다   girl [gɜːrl] 소녀

1:14   come [kʌm] 오다   again [əˈgɛn] 다시

1:39   arms [ɑːrmz] 팔들

1:51   like [laɪk] ~처럼   lost [lɔːst] 잃었다, 잃어버린   heart [hɑːrt] 마음

122
위
5:01
★★★★

Antonio's Song / **Michael Franks**

안토니오스 송 / 마이클 프랭스

가사/듣기

작곡/노래 마이클 프랭스 **국적** 미국 **발표** 1977 **장르** 재즈

0:19   frevo ['frevəʊ] 프레보 (브라질의 전통 음악 및 춤 스타일)   truth [truːθ] 진리
friendship ['frendʃɪp] 우정   hundred proof ['hʌndrəd pruːf] 백 도 (술의 도수가 100도인)

0:36   vulture ['vʌltʃər] 독수리   Rio ['riːəʊ] 리우 (브라질의 도시)   blankets ['blæŋkɪts] 이불들
Indians ['ɪndɪənz] 인디언(원주민)들

0:56   forgotten [fəˈgɒtn] 잊혀진   flow [floʊ] 흐르다   rainbow ['reɪnboʊ] 무지개

1:13   chains [tʃeɪnz] 사슬들

2:39   desert ['dezərt] 사막   pray [preɪ] 기도하다   rain [reɪn] 비   pleasure ['plɛʒər] 기쁨
pain [peɪn] 고통   lost [lɔːst] 잃어버린
La Califusa [lɑː kælɪˈfuːsə] 라 캘리푸사 (실제로는 존재하지 않는 미국의 도시)   hope [hoʊp] 희망

3:05   samba ['sæmbə] 삼바 (브라질의 전통 음악 및 춤 스타일)   Amazon ['æməzɒn] 아마존 (브라질의 지역)

123 위 Happy Together / **The Turtles**

2:53
★★★

해피 투게더 / 더 터틀스

가사/듣기

작곡 앨런 고든, 개리 보너 **노래** 더 터틀스 **국적** 미국 **발표** 1967 **장르** 록

0:08 imagine [ɪˈmædʒɪn] 상상하다 only [ˈoʊnli] 유일한 hold [hoʊld] 잡다, 들다
tight [taɪt] 꽉, 단단히 happy [ˈhæpi] 행복한 together [təˈɡeðər] 함께

0:24 call up [kɔːl ʌp] (전화로) 연락하다 invest [ɪnˈvɛst] 투자하다
dime [daɪm] 다임 (미국의 10센트 동전) belong [bɪˈlɔːŋ] 속하다 ease [iːz] 덜다, 편안하게 하다
mind [maɪnd] 마음 fine [faɪn] 멋진

0:40 loving [ˈlʌvɪŋ] 사랑하는 (것) nobody [ˈnoʊbədi] 아무도 ~하지 않다 skies [skaɪz] 하늘들

1:00 matter [ˈmætər] 상관하다, 중요하다 tossed [tɔːst] 던졌다 dice [daɪs] 주사위
had to [hæd tuː] ~해야 했다

124 위 Kiss Me / **Blink**

3:29
★★

키스 미 / 블링크

가사/듣기

작곡/노래 블링크 **국적** 미국 **발표** 1998 **장르** 어덜트 컨템포러리

0:07 kiss [kɪs] 키스 darling [ˈdɑːrlɪŋ] 사랑하는 사람 alright [ɔːlˈraɪt] 괜찮은
wonderful [ˈwʌndərfəl] 멋진 always [ˈɔːlweɪz] 언제나

0:35 stay [steɪ] 머무르다 side [saɪd] 옆 beautiful [ˈbjuːtɪfəl] 아름다운 girl [ɡɜːrl] 소녀

0:45 arms [ɑːrmz] 팔들 sing [sɪŋ] 노래하다 song [sɔːŋ] 노래 protect [prəˈtɛkt] 보호하다
tonight [təˈnaɪt] 오늘 밤 love [lʌv] 사랑 done [dʌn] 완료된

1:00 hug [hʌɡ] 껴안다 tight [taɪt] 꽉 끼는 world [wɜːrld] 세상

1:31 outside [ˌaʊtˈsaɪd] 밖에 moving [ˈmuːvɪŋ] 움직이는 (것) hurry [ˈhʌri] 서두르다
madness [ˈmædnəs] 광기 blow [bloʊ] 날리다

1:40 sadness [ˈsædnəs] 슬픔

2:15 for a while [fɔr ə waɪl] 잠시 동안 lovable [ˈlʌvəbl] 사랑스러운 embrace [ɪmˈbreɪs] 포옹하다

125위

Because You Loved Me / Celine Dion

작곡 다이안 워렌 **노래** 셀린 디온 **국적** 캐나다 **발표** 1996 **장르** 팝, 발라드

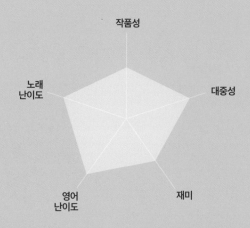

비커즈 유 러브드 미 / **셀린 디온**

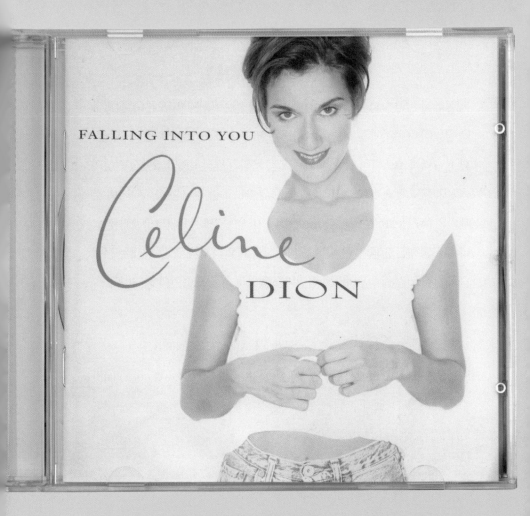

Celine Dion

'세상에서 가장 노래를 잘 부르는 사람'하면 셀린 디온이 떠오른다. 장르마다 창법이 다르기에 잘 부른다는 기준은 상대적이지만, 셀린 디온에게는 강한 폭발력과 호소력이 있고, 세련된 고음 처리가 인상적이다. 2억장 이상의 음반이 판매됐고, 5회의 그래미 상을 탔는데, 그 중 하나는 타이타닉의 주제가인 My Heart Will Go On으로 탔다. 이 영화가 아카데미(오스카)상을 타며 유명해진 만큼 셀린 디온도 세계적으로 알려지게 됐다. 현재는 전신 근육 강직 인간 증후군이라는 희귀병을 앓으며 활동을 중단한 상태이다.

Because You Loved Me

빌보드 핫100 차트에서 6주간 1위를 했고, 영화 Up Close & Personal의 주제가로도 사용됐다. 사랑했기에 해준 것들에 대한 감사를 표현한 노래이다. 어떤 점에 특히 감사하는 것일까?

Celine DION

FALLING INTO YOU

© 1996 Sony Music Entertainment (Canada) Inc./℗ 1996 Sony
Music Entertainment (Canada) Inc./"550 MUSIC" and
design are trademarks of Sony Music Entertainment
Inc./"SONY", "EPIC" and ☰ Reg. U.S.
Pat. & Tm. Off. Marca Registrada.
BK 67541

DIDP 088342

67541

Because You Loved Me

0:01 For all _____ times you stood by me,
폴 얼 　　　　　　　　타임쥬 　ㅅ툰 바 미

for all the truth that you made me see,
폴 얼 더 트룬(ㄸ) 댙쥬 메읻 미 씨

for all the joy you _____ to my life,
폴 얼 더 죠이 유 　　　　　투 말라이ㅍ

for all the wrong that you made right,
폴 얼 더 륑 댙쥬 메이ㄷ 롸일ㅌ

for every dream you made come true,
폴 에브리 ㄷ룀 유 메인 컴 트루

for all the love _____ found in you,
폴 얼 더 러 　　　　　　파운딘 유

I'll be forever thankful _____.
아일 비 포레버 땡풀

0:30 You're the one who held me up,
유얼 더 원 후 헬ㄷ 미 엎

never _____ me fall.
네벌 　　　　　　　미 펄

You're the one who saw me through,
유얼 더 원 후 써 미 ㄸ루

through it all.
ㄸ루 이럴

당신이 저를 사랑했기 때문에

당신이 제 옆에 서 있어준 저those 모든 순간들 덕분에,
도우즈

당신이 제가 볼 수 있게 해 준 모든 진실 덕분에,

당신이 제 삶에 가져온brought 모든 기쁨 덕분에,
브뢑

당신이 모든 잘못된 것들을 바로 잡아준 덕분에,

당신이 현실로 만들어준 모든 꿈 덕분에,

당신 안에서 제가 l 찾은 모든 사랑 덕분에,
바

저는 자기에게baby 영원히 감사할 거에요.
베이비

당신이 저를 떠받쳐 준 그 사람이고,

제가 절대 떨어지지 않게let 했죠.
렡

당신이 저를 견디게 해준 그 사람이었어요,

그것을 전부 견딜 수 있게요.

▶ 뒤에 누가(you)-한다
(stood)가 나왔으므로
that이 생략된 것을
알 수 있다.

0:45

You were my strength when I was _____.
유 월 마이 ㅅㅌ렝ㄸ 웨나 워즈

You were my voice when I couldn't speak.
유 월 마이 보이ㅆ 웨나이 쿠든 ㅅ피ㅋ

You were my eyes when I couldn't see.
유 월 마이 아이즈 웨나이 쿠든 씨

You saw the _____ there was in me,
유 써 더 데얼 워진 미

lifted me up when I couldn't _____.
리ㅍ틷 미 엎 웨나이 쿠든

You gave me faith 'cause you believed.
유 게입 미 페잍 커즈 유 빌립

I'm everything I am because you loved me.
암 에브리띵 아이 앰 비커쥬 럽ㄷ 미

1:21

You gave me wings and made me fly.
유 게이브 미 윙잰 메이ㄷ 미 플라이

You touched my hand I could touch the sky.
유 터취ㄷ 마이 핸다이 쿤 터치 더 ㅅ카이

I lost my faith, you gave it back to me.
아 로ㅅㅌ 마이 페이듀 게이빝 백 투 미

You _____ no star was out of reach.
유 노 ㅅ타 워자우롲 뤼취

You stood by me and I stood tall.
유 ㅅ툳 빠 미 애나 ㅅ툳 털

I had _____ love I had it all.
아 해 러바이 해디럴

I'm grateful for each day you gave me.
암 ㄱ레잍풀 포 이취 데이 유 게이브 미

Maybe I don't know _____ much.
메이비 아 돈 노우 머취

당신은 제가 약했을weak 때 힘이 됐어요
위크

당신은 제가 말할 수 없을 때 목소리가 됐어요.

당신은 제가 볼 수 없을 때 제 눈이 됐어요.

당신은 제 안에 있는 가장 좋은 것을best 봤어요,
베스트

제가 닿을reach 수 없을 때 저를 들어 올렸지요.
뤼취

당신이 믿음으로 제게 신뢰를 주었어요.

당신이 저를 사랑해줘서 온전히 제 자신일 수 있었어요.

당신은 제게 날개를 주고 날 수 있게 했어요.

당신은 제 손을 만져서 하늘에 닿을 수 있게 했어요.

저는 신뢰를 잃었지만, 당신이 제게 돌려줬지요.

당신은 닿을 수 없는 별은 없다고 말했지요said.
쎈

당신은 제 옆에 서 있어줬고, 저는 당당했지요.

저는 당신의your 사랑을 가졌어요/ 그것 전부를요.
쥴

당신이 제게 준 하루하루에 감사해요.

아마도 저는 저렇게that 많이는 모를거에요.
댙

▸ and의 발음이 약해져
서 d를 빼고 소리냈다.

But I know this much is true.
버라이 노우 디쓰 머취즈 트루

I was blessed because I was _____ by you.
아워즈 블레쓸 비커자이 워즈 바이 유

2:05 ▶

2:38 You _____ always _____ for me.
유 얼웨이즈 포 미

The tender wind that carried me
더 텐덜 윈댙 캐린 미

a light in the dark shining your love into my life.
(어) 라이린 더 달ㅋ 샤이닝 유얼 럽빈투 마일라앞

_____ been my inspiration.
빈 마이 인ㅅ퍼뤠이션

Through the lies you were the _____.
뜨루 더 라이쥬 월 더

My world is a better place because of you.
마이 월디저 베러 플레이쓰 비커좁 유

3:09 ▶

3:41 ▶

4:14 I'm everything I am because you loved me.
암 에브리띵 아이 앰 비커쥬 럽ㄷ 미

하지만 저는 이 많은 것이 진실인 것을 알아요.

당신에게 사랑loved 받았기에 저는 축복 받았어요.
러브드

당신은were 저를 위해 항상 거기에there 있었어요 .
월 데얼

그 부드러운 바람이 제게 가져다줬어요

어둠 속에서 빛나는 당신의 사랑의 빛을 제 삶에요.

당신은You've 저의 영감이되었어요.
유럽

거짓말 속에서도 당신은 진실이었지요truth.
트룬

당신 덕분에 저의 세상은 더 나은 장소가 됐어요.

저를 사랑해줘서 온전히 제 자신일 수 있었어요.

패턴 You were my eyes.

You were my eyes.는 '너는 나의 눈들이었다'로, 현재와는 상관없이 과거에 끝난 일을 일컫는다. 이 문장에서 '현재 네가 나의 눈들인지 아닌지'는 알 수 없다.

be동사는 많이 쓰는 동사이기에 과거는 -ed가 아니라 형태가 변한다. am과 is는 was로, are는 were로 바뀐다. 생각하지 않고도 1초 내에 대답할 수 있도록 연습해야 한다.

① 그래, 그런 게 나의 방식이었지.
힌트 way 발췌 My Way

33,200,000회

Yes, ____누가____ ___상태모습___ ____어떤____ ____어떤____

② 그리고 삶은 끔찍한 노래일 뿐 아무 것도 아니에요.
힌트 nothing 발췌 I Believe I Can Fly

7,070,000회

And____누가____ ___상태모습___ ____어떤____ but an awful song.

③ 자기야, 당신은 오늘밤 멋졌어.
힌트 wonderful 발췌 Wonderful Tonight

1,670,000회

My darling, ____누가____ ___상태모습___ ____어떤____ tonight.

188 **정답** ① Yes, it was my way. ② And life was nothing but an awful song.

How was my speech? 내 발표 어땠어?

회화

It was greater than ever. 어느 때보다도 더 대단했어.
You were wonderful **tonight.** 넌 오늘밤 멋졌어.

너는 오늘밤 여기 있었어.

You were here tonight. (4)
43,900,000 회

너는 오늘밤 끝내줬어.

You were awesome tonight. (5)
7,630,000 회

너는 오늘밤 완벽했어.

You were perfect tonight. (6)
4,460,000 회

③ My darling, **you were wonderful** tonight.　**더 알아보기** 미드천사 왕초보패턴 7단원 ｜ 영화영작 기본패턴 3단원

126위 Honey, Honey / **Abba**

2:55
★★★
허니, 허니 / 아바

가사/듣기

작곡/노래 아바 **국적** 스웨덴 **발표** 1974 **장르** 디스코

0:08　**honey** [ˈhʌni] 꿀, 자기　**thrill** [θrɪl] 흥분시키다　**nearly** [ˈnɪərli] 거의

0:21　**heard** [hɜːrd] 들었다　**know** [noʊ] 알다　**mean** [miːn] 의미하다　**machine** [məˈʃiːn] 기계

0:33　**dizzy** [ˈdɪzi] 어지러운　**feel** [fiːl] 느끼다　**conceal** [kənˈsiːl] 숨기다

0:48　**kiss** [kɪs] 키스하다　**hold** [hoʊld] 껴안다　**tight** [taɪt] 꽉 끼는

1:04　**hurt** [hɜːrt] 상처 주다　**cry** [kraɪ] 울다　**ground** [graʊnd] 땅　**high** [haɪ] 높다

1:17　**stick** [stɪk] 달라붙다　**rid** [rɪd] 없애다　**place** [pleɪs] 장소　**rather** [ˈrɑːðər] 차라리

1:30　**touch** [tʌʃ] 만지다

1:52　**least** [liːst] 최소한　**doggone** [ˈdɔːˌɡɔːn] 매우, 대단히　**beast** [biːst] 짐승
　　　ground [graʊnd] 땅

127위 Take Me Home, Country Roads / **John Denver**

3:08
★★★★
테이크 미 홈, 컨트리 로즈 / 존 덴버

가사/듣기

작곡 빌 다노프, 태피 나이벗, 존 덴버 **노래** 존 덴버 **국적** 미국 **발표** 1971 **장르** 컨트리, 포크

0:07　**almost** [ˈɔːlmoʊst] 거의　**heaven** [ˈhɛvn] 천국　**Virginia** [vərˈdʒɪniə] 버지니아 (미국의 주)
　　　Ridge [rɪʤ] 능선　**mountains** [ˈmaʊntɪnz] 산맥　**Shenandoah** [ʃəˈnændoʊə] 셰넌도아 (미국의 강)
　　　blowing [ˈbloʊɪŋ] 불어나는 (것)　**breeze** [briːz] 산들바람

0:31　**country** [ˈkʌntri] 나라, 시골　**belong** [bɪˈlɔːŋ] 속하다
　　　mamma [ˈmɑːmə] 어머니 (이 곡에서는 '산'을 은유적으로 표현한 단어)

0:55　**memories** [ˈmɛməriz] 추억들　**gather** [ˈɡæðər] 모이다　**miner's** [ˈmaɪnərz] 광부의
　　　stranger [ˈstreɪnʤər] 낯선 사람　**dusty** [ˈdʌsti] 먼지가 긴　**misty** [ˈmɪsti] 안개가 있는
　　　moonshine [ˈmuːnʃaɪn] 달빛　**teardrop** [ˈtɪrdrɑːp] 눈물 방울

1:48　**remind** [rɪˈmaɪnd] 상기시키다　**driving** [ˈdraɪvɪŋ] 운전하는 (것)　**feeling** [ˈfiːlɪŋ] 느끼는 (것)

128위 El Condor Pasa / **Simon & Garfunkel**

3:06
★★★
엘 콘도르 파사 / 사이먼 앤 가펑클

가사/듣기

작곡 다니엘 알로미나 노블레스, 폴 사이먼 **노래** 사이먼 앤 가펑클 **국적** 미국 **발표** 1970 **장르** 포크 록

0:41   rather ['rɑːðər] 차라리   sparrow ['spærou] 참새   snail [sneɪl] 달팽이

1:01   hammer ['hæmər] 망치   nail [neɪl] 못

1:20   away [ə'weɪ] 멀리   sail [seɪl] 항해하다

1:26   swan [swɑːn] 백조   tied up [taɪd ʌp] 매여진   ground [graʊnd] 땅   give [gɪv] 주다
saddest ['sædɪst] 가장 슬픈   sound [saʊnd] 소리

1:56   forest ['fɔːrɪst] 숲   street [striːt] 거리

2:12   feel [fiːl] 느끼다   the earth [ðiː ɜːrθ] 지구   beneath [bɪ'niːθ] 아래에   feet [fiːt] 발

129위 Sleeping Child / **Michael Learns to Rock**

3:32
★★★
슬리핑 차일드 / 마이클 런스 투 록

가사/듣기

작곡 아샤 리히터 **노래** 마이클 런스 투 록 **국적** 덴마크 **발표** 1993 **장르** 소프트 록

0:16   Milky Way ['mɪlki weɪ] 은하수   heavens ['hevnz] 천국들   twinkling ['twɪŋkəlɪŋ] 반짝이는 (것)
Mr. ['mɪstər] ~씨   came by [keɪm baɪ] 들렀다   goodnight [ˌgʊd'naɪt] 안녕히 주무세요

0:42   praying [preɪɪŋ] 기도하는 (것)   everywhere ['evri,wer] 어디든지

0:57   sleeping ['sliːpɪŋ] 잠자는 (것)   wild [waɪld] 야생의   built [bɪlt] 지었다
paradise ['pærə,daɪs] 낙원   reason ['riːzn] 이유   cover ['kʌvər] 덮다

1:29   fighting ['faɪtɪŋ] 싸우는 (것)   wars [wɔːrz] 전쟁들   lasting ['læstɪŋ] 지속하는
peace [piːs] 평화   Earth [ɜːrθ] 지구   arms [ɑːrmz] 팔들   play [pleɪ] 놀다

1:39   kings [kɪŋz] 왕들   leaders ['liːdərz] 지도자들

2:29   away from [ə'weɪ frʌm] ~로부터 멀리

130위 Say You, Say Me / **Lionel Richie**

4:00
★★★

세이 유, 세이 미 / 라이오넬 리치

가사/듣기

작곡/노래 라이오넬 리치 **국적** 미국 **발표** 1985 **장르** 팝, R&B

0:16 say [seɪ] 말하다 always [ˈɔːlweɪz] 항상

0:40 naturally [ˈnætʃərəli] 자연스럽게 dream [driːm] 꿈 awesome [ˈɔːsəm] 대단한
      people [ˈpiːpl] 사람들 park [pɑːrk] 공원 playing [ˈpleɪɪŋ] 놀고 있는 (것)
      games [geɪmz] 게임들 dark [dɑːrk] 어두운

1:01 masquerade [ˌmæskəˈreɪd] 가면놀이 behind [bɪˈhaɪnd] ~뒤에 walls [wɔːlz] 벽들
      doubt [daʊt] 의심 voice [vɔɪs] 목소리 crying out [ˈkraɪɪŋ aʊt] 외치는 (것)

1:51 lonesome [ˈloʊnsəm] 외로운 highway [ˈhaɪweɪ] 고속도로 hardest [ˈhɑːrdɪst] 가장 어려운
      friend [frend] 친구

2:05 understand [ˌʌndərˈstænd] 이해하다 lost [lɔːst] 잃어버린

2:52 answers [ˈænsərz] 답변들 dancing [ˈdænsɪŋ] 춤추는 (것) believing [bɪˈliːvɪŋ] 믿는 (것)

131위 Still Got the Blues / **Gary Moore**

6:10
★★★

스틸 갓 더 블루스 / 게리 무어

가사/듣기

작곡/노래 게리 무어 **국적** 영국 **발표** 1990 **장르** 블루스

0:21 used to [juːst tuː] ~하곤 했다 give away [gɪv əˈweɪ] 내주다 found out [faʊnd aʊt] 알아내다
      hard way [hɑːrd weɪ] 힘든 방법으로 price [praɪs] 가격 pay [peɪ] 지불하다

0:51 time after time [taɪm ˈæftər taɪm] 수차례에 걸쳐 so long [soʊ lɔːŋ] 잘 있어
      ago [əˈgoʊ] ~전에 blues [bluːz] 블루스 (음악 장르)

1:18 fall in love [fɔːl ɪn lʌv] 사랑에 빠지다 lead to [liːd tuː] ~로 이어지다 pain [peɪn] 고통

1:36 more than [mɔːr ðæn] ~보다 더 game [geɪm] 게임

1:42 playing to win [ˈpleɪɪŋ tuː wɪn] 이기기 위해 노력하는 (것) lose [luːz] 잃다

2:08 years [jɪərz] 연도들 face [feɪs] 얼굴 empty [ˈempti] 비어있는 space [speɪs] 공간

3:20 days [deɪz] 날들 come and go [kʌm ænd goʊ] 오가다

132위 Adagio / **New Trolls**
4:50
★★★
아다지오 / 뉴 트롤즈

가사/듣기

작곡 루이스 바칼로프 **노래** 뉴 트롤즈 **국적** 이탈리아 **발표** 1972 **장르** 프로그레시브 록

1:05   wishing [ˈwɪʃɪŋ] 바라는 (것)   near [nɪər] 가까운   finding [ˈfaɪndɪŋ] 찾는 (것)
loneliness [ˈloʊnlɪnɪs] 외로움

1:19   waiting [ˈweɪtɪŋ] 기다리는 (것)   sun [sʌn] 태양   shine [ʃaɪn] 빛나는   again [əˈgen] 다시

1:26   gone [gɔːn] 떠나간   far [fɑːr] 멀리   away [əˈweɪ] 떨어져서

1:34   die [daɪ] 죽다   sleep [sliːp] 잠들다   maybe [ˈmeɪbi] 아마   dream [driːm] 꿈(을 꾸다)

133위 Casablanca / **Bertie Higgins**
4:43
★★★
카사블랑카 / 버티 히긴스

가사/듣기

작곡 버티 히긴스, 릭 바네티 **노래** 버티 히긴스 **국적** 미국 **발표** 1982 **장르** 소프트 록

0:17   Casablanca [ˌkæsəˈblæŋkə] 카사블랑카 (도시 이름)   fell [fel] 떨어지다, 빠지다
watching [ˈwɑːtʃɪŋ] 보는 중인 (것)   flickering [ˈflɪkərɪŋ] 깜박이는 (것)

0:33   beneath [bɪˈniːθ] 아래에   champagne [ʃæmˈpeɪn] 탄산 와인   caviar [ˈkæviɑːr] 상어의 알

0:55   paddle [ˈpædl] 노, (여기서는) 선풍기   candle [ˈkændl] 양초

1:02   hiding [ˈhaɪdɪŋ] 숨기는 (것)   Moroccan [məˈrɑːkən] 모로코의
magic [ˈmædʒɪk] 마법 (매력적인 상황이나 순간)   Chevrolet [ˌʃevrəˈleɪ] 쉐보레 (자동차 브랜드)

1:23   still [stɪl] 여전히   without [wɪˈðaʊt] ~없이   sigh [saɪ] 한숨   go by [goʊ baɪ] 지나가다
guess [ges] 추측하다

2:20   broken [ˈbroʊkən] 상처받은   hearts [hɑːrts] 마음들

2:38   wide [waɪd] 넓은   silver screen [ˈsɪlvər skriːn] 실버 스크린 (영화 상영용 스크린)

Goodbye Yellow Brick Road / **Elton John**

가사/듣기

3:14
★★★

굿바이 옐로우 브릭 로드 / 엘튼 존

작곡/노래 엘튼 존 **국적** 영국 **발표** 1973 **장르** 팝

0:19	should have [ʃʊd hæv] ~해야 했다 farm [fɑːrm] 농장 listened ['lɪsn] 들었다
0:23	hold [hoʊld] 붙잡다 forever [fə'revər] 영원히 present ['preznt] 선물
0:39	blues [bluːz] 블루스 (음악 장르) brick [brɪk] 벽돌 society [sə'saɪəti] 사회 howl [haʊl] 울부짖다 penthouse ['pent,haʊs] 고급 옥상 가옥 plough [plaʊ] 쟁기
1:08	owl [aʊl] 올빼미 woods [wʊdz] 숲 horny-back toad ['hɔːrni bæk toʊd] 가시등 두꺼비
1:16	decided [dɪ'saɪdɪd] 결정했다 future ['fjuːtʃər] 미래 beyond [bɪ'jɒnd] ~너머에
1:43	bet [bet] 베팅하다 shoot down [ʃuːt daʊn] 격추하다 vodka and tonics ['vɑːdkə ænd 'tɑːnɪks] 보드카 토닉 (술의 일종)
1:55	replacement [rɪ'pleɪsmənt] 대체품 plenty ['plenti] 풍부함
2:02	mongrels ['mɑːŋgrəlz] 잡종들 penny ['peni] 푼돈 sniffing ['snɪfɪŋ] 냄새를 맡는 (것)

Hello / **Lionel Richie**

가사/듣기

4:09
★★

헬로 / 라이오넬 리치

작곡/노래 라이오넬 리치 **국적** 미국 **발표** 1983 **장르** R&B

0:20	alone [ə'loʊn] 혼자의 inside [ɪn'saɪd] 안에 dreams [driːmz] 꿈들 kissed [kɪst] 키스했다 sometimes ['sʌm,taɪmz] 가끔 outside [,aʊt'saɪd] 밖에 looking for ['lʊkɪŋ fɔːr] ~을 찾고 있는 (것)
0:47	eyes [aɪz] 눈들 smile [smaɪl] 미소 wanted ['wɑːntɪd] 원했다 arms [ɑːrmz] 팔들 wide [waɪd] 넓은
1:03	know [noʊ] 알다 long [lɔːŋ] 갈망하다
1:31	sunlight ['sʌn,laɪt] 햇빛 hair [heər] 머리카락 again [ə'gen] 다시 care [keər] 신경쓰다 heart [hɑːrt] 마음 overflow [,oʊvər'floʊ] 넘치다
2:03	wonder ['wʌndər] 궁금하다 lonely ['loʊnli] 외로운 loving ['lʌvɪŋ] 사랑하는 (것)
2:18	win [wɪn] 이기다 clue [kluː] 단서

136위 When I Need You / Leo Sayer

4:09
★★★

웬 아이 니드 유 / 리오 세이어

가사/듣기

작곡 알버트 하몬드, 캐롤 베이어 세이저 **노래** 리오 세이어 **국적** 영국 **발표** 1977 **장르** 팝, 소울

0:44 heartbeat [ˈhɑːrtbiːt] 심장 박동 hold out [hoʊld aʊt] 버티다
touch [tʌtʃ] 만지다, 접촉하다 knew [nuː] 알았다 keeping [ˈkiːpɪŋ] 유지하는 (것)

1:13 miles [maɪlz] 마일 (거리 측정 단위) empty [ˈempti] 빈 space [speɪs] 공간
between [bɪˈtwiːn] ~사이에 telephone [ˈtɛləˌfoʊn] 전화

1:26 travelin' [ˈtrævəlɪn] 여행하는 (것) forever [fərˈɛvər] 영원히 cold out [koʊld aʊt] 밖이 추운

2:02 easy [ˈiːzi] 쉬운 road [roʊd] 도로 driver [ˈdraɪvər] 운전자

2:08 honey [ˈhʌni] 꿀, 자기 heavy [ˈhɛvi] 무거운 load [loʊd] 짐 bear [bɛər] 감당하다

2:15 lifetime [ˈlaɪfˌtaɪm] 평생

137위 Before the Dawn / Judas Priest

3:23
★★★

비포 더 돈 / 주다스 프리스트

가사/듣기

작곡 롭 핼포드 **노래** 주다스 프리스트 **국적** 영국 **발표** 1978 **장르** 하드 록

0:20 dawn [dɔːn] 새벽 whisper [ˈwɪspər] 속삭임

0:48 summon [ˈsʌmən] 소환하다 lifetime [ˈlaɪftaɪm] 평생 found [faʊnd] 찾았다

1:07 since [sɪns] ~이후에 would [wʊd] ~하려고 한다

1:17 waited [ˈweɪtɪd] 기다렸다 leaving [ˈliːvɪŋ] 떠나는 (것)

1:26 please [pliːz] 제발 take [teɪk] 가져가다 away [əˈweɪ] 멀리

138위 Kiss Me / Sixpence None The Richer

가사/듣기

3:19 ★★★

키스 미 / 식스펜스 넌 더 리처

작곡 매트 슬로컴 **노래** 레이 내쉬 **국적** 미국 **발표** 1997 **장르** 인디 팝

0:20 kiss [kɪs] 키스하다 bearded ['bɪərdɪd] 수염이 나 있는 barley ['bɑ:rli] 보리 nightly ['naɪtli] 매일 밤마다

0:29 swing [swɪŋ] 흔들다 spinning ['spɪnɪŋ] 회전하는 (것)

0:39 beneath [bɪ'ni:θ] ~아래에 milky ['mɪlki] 백색의, 우유 같은 twilight ['twaɪlaɪt] 황혼 moonlit ['mu:nlɪt] 달빛이 비치는 lift [lɪft] 들어올리다 strike [straɪk] 타격하다, 시작하다 band [bænd] 밴드 fireflies ['faɪər,flaɪ] 반딧불이들 sparkling ['spɑ:rklɪŋ] 빛나는 (것)

1:10 broken ['broukən] 깨진, 파손된 upon [ə'pɑ:n] ~위에 hang [hæŋ] 걸다 tire [taɪər] (자동차의) 타이어 flowered ['flauərd] 꽃무늬로 된 trail [treɪl] 오솔길 marked [mɑ:rkt] 표시된 father's ['fɑ:ðərz] 아버지의 map [mæp] 지도

139위 Alone / Heart

가사/듣기

3:39 ★★★

얼론 / 하트

작곡 빌리 스타인버그, 톰 켈리 **노래** 하트 **국적** 미국 **발표** 1987 **장르** 하드 록

0:11 ticking ['tɪkɪŋ] 똑딱거리는 (것) clock [klɑ:k] 시계 pitch [pɪʧ] 정점 dark [dɑ:rk] 어둠

0:22 wonder ['wʌndər] 궁금해하다 tonight [tə'naɪt] 오늘 밤 answer ['ænsər] 대답(하다) telephone ['telɪ,foun] 전화 very ['veri] 아주 slow [slou] 느린 hope [houp] 희망하다 alone [ə'loun] 혼자

0:50 till [tɪl] ~까지 cared [keərd] 신경 썼다 chill [ʧɪl] 오싹하게 한다 bone [boun] 뼈

1:20 wanted ['wɑ:ntɪd] 원했다 touch [tʌʧ] 만지다 lips [lɪps] 입술들 hold [hould] 잡다, 껴안다 tight [taɪt] 꽉 waited ['weɪtɪd] 기다렸다

1:40 secret ['si:krɪt] 비밀 still [stɪl] 여전히 unknown [ʌn'noun] 알려지지 않은

140 위 I'll Make Love to You / **Boyz II Men**

3:57
★★★

아일 메이크 러브 투 유 / 보이즈 투 멘

가사/듣기

작곡 베이비 페이스 **노래** 보이즈 투 멘 **국적** 미국 **발표** 1994 **장르** 알앤비, 소울

0:24   wish [wɪʃ] 소원   blow out [bloʊ aʊt] 불을 끄다   candlelight [ˈkændl̩ˌlaɪt] 촛불

0:39   celebrate [ˈsɛlɪˌbreɪt] 축하하다

0:45   pour [pɔr] 붓다   command [kəˈmænd] 명령

0:56   submit [səbˈmɪt] 복종하다   demand [dɪˈmænd] 요구

1:11   hold [hoʊld] 잡다, 안아주다   tight [taɪt] 꽉, 단단히

1:29   relax [rɪˈlæks] 편안해지다   nowhere [ˈnoʊˌwɛr] 어디에도 ~않다

1:40   concentrate [ˈkɒnsənˌtreɪt] 집중하다

1:51   throw [θroʊ] 던지다   clothes [kloʊðz] 옷   floor [flɔr] 바닥

141 위 Yester Me, Yester You, Yesterday

3:04
★★★

/ **Stevie Wonder** 예스터 미, 예스터 유, 예스터데이 / 스티비 원더

가사/듣기

작곡 론 밀러, 브라이언 웰스 **노래** 스티비 원더 **국적** 미국 **발표** 1969 **장르** 소울

0:00   yester [ˈjestər] 어제의, 지난

0:13   happened [ˈhæpnd] 일어났다   dream [driːm] 꿈   scheme [skiːm] 책략을 세우다
time [taɪm] 시간

0:45   glow [gloʊ] 빛나다, 발광하다   wheel [wiːl] 바퀴, 회전하다

1:12   warm [wɔːrm] 따뜻한   true [truː] 참된, 진짜의   kids [kɪdz] 아이들
followed [ˈfɑːloʊd] 따랐다   rules [ruːlz] 규칙들   fools [fuːlz] 바보들

1:38   cruel [ˈkruːəl] 잔인한   foolish [ˈfuːlɪʃ] 어리석은   game [geɪm] 게임

1:55   recall [rɪˈkɔːl] 기억해내다, 회상하다   lost [lɔːst] 잃어버린   sad [sæd] 슬픈

2:06   nothing [ˈnʌθɪŋ] 아무것도 ~하지 않다   memory [ˈmeməri] 기억, 추억   love [lʌv] 사랑

142 위 Big Big World / **Emilia**

3:22 빅 빅 월드 / 에밀리아

★★

 가사/듣기

작곡 에밀리아, 라세 앤더슨 **노래** 에밀리아 **국적** 스웨덴 **발표** 1998 **장르** 팝

0:14　leave [liːv] 떠나다　miss [mɪs] 그리워하다　much [mʌtʃ] 많이

0:31　see [siː] 보다　leaf [liːf] 잎　falling ['fɔːlɪŋ] 떨어지는 (것)　yellow ['jɛloʊ] 노란색

0:42　cold [koʊld] 추운　outside [ˌaʊt'saɪd] 바깥　feeling ['fiːlɪŋ] 느끼는 (것)　inside [ɪn'saɪd] 안 쪽

1:20　raining ['reɪnɪŋ] 비오는 (것)　tears [tɪərz] 눈물들　eyes [aɪz] 눈들

1:31　happen ['hæpn] 일어나다　end [end] 끝나다

2:04　arms [ɑːrmz] 팔들　around [ə'raʊnd] ~주변에　warm [wɔːrm] 따뜻한　fire ['faɪər] 불

2:14　open ['oʊpn] 열다　gone [gɔːn] 사라진

 143 위 I Will Always Love You / **Whitney Houston**

4:31 아이 윌 얼웨이스 러브 유 / 휘트니 휴스턴

★★★

 가사/듣기

작곡 돌리 파튼 **노래** 휘트니 휴스턴 **국적** 미국 **발표** 1992 **장르** R&B

0:00　should [ʃʊd] ~해야 한다　stay [steɪ] 머무르다　would [wʊd] ~할 것이다
　　　way [weɪ] 방법, 길　know [noʊ] 알다　think [θɪŋk] 생각하다　step [stɛp] 걸음, 단계

0:49　always ['ɔːlweɪz] 항상　love [lʌv] 사랑하다

1:08　darling ['dɑːrlɪŋ] 사랑하는 사람　bittersweet ['bɪtərsˌwiːt] 쓰고 달콤한
　　　memories ['mɛməriz] 추억들　taking ['teɪkɪŋ] 가져가는 (것)　good-bye [gʊd'baɪ] 작별 인사
　　　cry [kraɪ] -울다

1:43　need [niːd] 필요하다

2:36　hope [hoʊp] 바라다, 희망하다　treat [triːt] 대하다　kind [kaɪnd] 친절한
　　　dreamed [driːmd] 꿈꿨다　wishing ['wɪʃɪŋ] 바라는 (것)　joy [dʒɔɪ] 기쁨
　　　happiness ['hæpɪnɪs] 행복　above [ə'bʌv] ~위에　wish [wɪʃ] 바라다

144위 What a Wonderful World / **Louis Armstrong**

2:17
★★★
왓 어 원더풀 월드 / 루이 암스트롱

가사/듣기

작곡 밥 틸레 **노래** 루이 암스트롱 **국적** 미국 **발표** 1967 **장르** 팝

0:14 bloom [bluːm] 피다 myself [maɪˈsɛlf] 나 자신 wonderful [ˈwʌndərful] 멋진

0:33 skies [skaɪz] 하늘들 clouds [klaʊdz] 구름들 bright [braɪt] 밝은 blessed [ˈblɛsɪd] 축복받은
sacred [ˈseɪkrɪd] 신성한

1:00 colors [ˈkʌlərz] 색깔들 rainbow [ˈreɪnboʊ] 무지개 pretty [ˈprɪti] 아름다운
faces [ˈfeɪsɪz] 얼굴들 friends [frɛndz] 친구들 shaking [ˈʃeɪkɪŋ] 흔드는 (것)
hands [hændz] 손들 saying [ˈseɪɪŋ] 말하는 (것)

1:27 babies [ˈbeɪbiz] 아기들 cry [kraɪ] 울음소리 grow [groʊ] 성장하다 learn [lɜːrn] 배우다
much [mʌʧ] 많은 more [mɔːr] 더 많은 never [ˈnɛvər] 결코 ~하지 않다 know [noʊ] 알다
yes [jɛs] 그렇다 yeah [jæ] 그래

145위 Believe / **Cher**

3:59
★★★
빌리브 / 셰어

가사/듣기

작곡 브라이언 히긴스, 폴 배리 **노래** 셰어 **국적** 미국 **발표** 1998 **장르** 댄스 팝

0:30 no matter [noʊ ˈmætər] ~에 상관없이 aside [əˈsaɪd] 한쪽으로
break through [breɪk θruː] 돌파하다

0:43 leaving [ˈliːvɪŋ] 떠나는 (것) believe [bɪˈliːv] 믿다 done [dʌn] 완료된 lonely [ˈloʊnli] 외로운

0:58 believe in [bɪˈliːv ɪn] ~을 믿다 feel [fiːl] 느끼다 inside [ɪnˈsaɪd] 안쪽(에서)
strong [strɔːŋ] 강한

1:28 supposed to [səˈpoʊzd tuː] ~할 예정이다 around [əˈraʊnd] 주변에 wait [weɪt] 기다리다

1:38 turning back [ˈtɜːrnɪŋ bæk] 되돌아가는 (것) move on [muːv ɒn] 나아가다 had [hæd] 가졌다

2:26 get through [get θruː] ~을 극복하다 anymore [ˌænɪˈmɔːr] 더 이상

146 위 Ticket to the Tropics / **Gerard Joling**

5:49
★★★
티켓 투 더 트로픽스 / 제럴드 졸링

가사/듣기

작곡 피터 드 빈 **노래** 제럴드 졸링 **국적** 네덜란드 **발표** 1985 **장르** 팝

0:15 **sittin'** [ˈsɪtɪn] 앉아있는 (것) **pane** [peɪn] 창유리 **grey** [greɪ] 회색 **drift** [drɪft] 표류하다

0:43 **tropic** [ˈtrɑːpɪk] 열대의 **island** [ˈaɪlənd] 섬 **dreamer** [ˈdriːmər] 꿈꾸는 사람

1:02 **ticket** [ˈtɪkɪt] 표 **the tropics** [ðə ˈtrɑːpɪks] 열대 지방 **forget** [fərˈget] 잊다

1:21 **prove** [pruːv] 증명하다

1:34 **midday** [ˈmɪddeɪ] 정오 **plane** [pleɪn] 비행기 **shining** [ˈʃaɪnɪŋ] 빛나는 (것)

1:51 **alone** [əˈloʊn] 혼자 **together** [təˈgeðər] 함께

2:09 **know** [noʊ] 알다 **miss** [mɪs] 그리워하다 **bad** [bæd] 심하게, 나쁜

147 위 Forever / **Stratovarius**

3:06
★★★
포에버 / 스트라토바리우스

가사/듣기

작곡 티모 톨키 **노래** 스트라토바리우스 **국적** 핀란드 **발표** 1996 **장르** 심포닉 메탈

0:15 **alone** [əˈloʊn] 혼자로 **darkness** [ˈdɑːrknəs] 어둠 **winter** [ˈwɪntər] 겨울

0:30 **memories** [ˈmeməri] 기억들 **childhood** [ˈtʃaɪldhʊd] 어릴 적 **recall** [rɪˈkɔːl] 기억하다

0:44 **happy** [ˈhæpli] 행복한 **sorrow** [ˈsɑːroʊ] 슬픔 **pain** [peɪn] 고통

0:59 **walking** [ˈwɔːkɪŋ] 걷는 (것) **fields** [fiːldz] 들판들 **sunshine** [ˈsʌnʃaɪn] 햇빛

1:17 **dust** [dʌst] 먼지 **wind** [wɪnd] 바람 **star** [stɑːr] 별 **northern** [ˈnɔːrðərn] 북쪽의
     sky [skaɪ] 하늘 **stayed** [steɪd] 머물렀다 **anywhere** [ˈeniˌwer] 어디에도

1:35 **wait** [weɪt] 기다리다 **forever** [fəˈrevər] 영원히

2:12 **everywhere** [ˈevrɪˌwer] 어디에나

148 위

All By Myself / **Eric Carmen**

4:54
★★★

올 바이 마이셀프 / 에릭 카멘

가사/듣기

작곡 에릭 카르멘, 세르게이 라흐만노프 **노래** 에릭 카르멘 **국적** 미국 **발표** 1975 **장르** 록

0:09 young [jʌŋ] 어린　needed [ˈniːdɪd] 필요로 했다　making [ˈmeɪkɪŋ] 만드는 (것)　fun [fʌn] 재미

0:25 gone [gɒn] 없어진　alone [əˈloʊn] 혼자의　friends [frɛndz] 친구들

0:40 dial [ˈdaɪəl] 전화를 걸다　telephone [ˈtɛlɪfoʊn] 전화
nobody [ˈnoʊbɒdiz] 아무도 ~이 아니다

0:56 myself [maɪˈsɛlf] 나 스스로　anymore [ˌɛnɪˈmɔːr] 더 이상

1:19 live [lɪv] 살다

1:28 hard [hɑːrd] 어려운　sure [ʃʊər] 확실한　sometimes [ˈsʌmtaɪmz] 가끔
insecure [ˌɪnsɪˈkjʊər] 불안한　distant [ˈdɪstənt] 먼　obscure [əbˈskjʊər] 알 수 없는
remain [rɪˈmeɪn] 남아 있다　cure [kjʊər] 치료법

 149 위

Smells Like Teen Spirit / **Nirvana**

5:01
★★★★★

스멜스 라이크 틴 스피릿 / 너바나

가사/듣기

작곡 커트 코베인 **노래** 너바나 **국적** 미국 **발표** 1991 **장르** 그런지 록, 얼터너티브

0:34 load up [loʊd ʌp] (총에) 탄환을 장전하다　pretend [prɪˈtɛnd] 가장하다
over-bored [ˌoʊvərˈbɔːrd] 지나치게 심심한　self-assured [ˌsɛlf əˈʃʊrd] 자신감 있는
dirty word [ˈdərti wərd] 불순한 말　low [loʊ] 낮은

1:06 lights out [laɪts aʊt] 불들을 끄다　dangerous [ˈdeɪndʒərəs] 위험한
entertain [ˌɛntərˈteɪn] 즐겁게 하다　stupid [ˈstjuːpɪd] 어리석은
contagious [kənˈteɪdʒəs] 전염성의

1:22 mulatto [mjuːˈlɑːtoʊ] 혼혈인　albino [ælˈbaɪnoʊ] 백피증 환자　mosquito [məˈskiːtoʊ] 모기
libido [lɪˈbiːdoʊ] 성욕

1:48 worse [wərs] 더 나쁜　blessed [blɛsɪd] 축복받은

3:34 forget [fərˈgɛt] 잊다　taste [teɪst] 맛보다　smile [smaɪl] 미소 짓다　find [faɪnd] 찾다
whatever [wʌtˈɛvər] 무엇이든　denial [dɪˈnaɪəl] 부인함

150◆ We Will Rock You / **Queen**

위

2:02 위 윌 록 유 / 퀸

★★

가사/듣기

작곡 브라이언 메이 **노래** 퀸 **국적** 영국 **발표** 1977 **장르** 하드 록, 아레나 록

0:13 buddy [ˈbʌdi] 친구 boy [bɔɪ] 소년 big [bɪg] 큰 noise [nɔɪz] 소음
playin' [ˈpleɪɪn] 노는 중인 (것) (=playing) street [striːt] 거리
gonna [ˈgɒnə] ~할 것이다 (=going to) some [sʌm] 약간의, 어떤 day [deɪ] 날, 하루
got [gɒt] 얻었다 mud [mʌd] 진흙 face [feɪs] 얼굴 disgrace [dɪsˈgreɪs] 불명예

0:21 kickin' [ˈkɪkɪn] 차는 중인 (것) (=kicking) over [ˈoʊvər] 지나치게, ~위에 place [pleɪs] 장소
singin' [ˈsɪŋɪn] 노래하는 중인 (것) (=singing)

0:36 young [jʌŋ] 젊은 hard [hɑːrd] 단단한, 어려운

0:38 shoutin' [ˈʃaʊtɪn] 소리치는 (것) (=shouting) blood [blʌd] 피

0:45 banner [ˈbænər] 배너, 깃발

마이크 황의 취향이 듬뿍 담긴
다양한 장르의 곡입니다.

이 곡의 자료는 여기 있습니다: **rb.gy/u5pmz**

추가 6곡
자료받기

1

4:30
★

Beyond the Invisible / **Enigma**

작품성 ▶▶▶▶▶ 대중성 ▶▶ 재미 ▶▶ 노래 난이도 ▶▶

작곡 마이클 크레투 **노래** 이니그마 **국적** 독일 **발표** 1996 **장르** 뉴에이지, 다운 템포

개인적으로 가장 좋아하는 밴드이다. 25년간 100번 넘게 전 앨범을 들었다. 전자음악을 기반으로 다양한 민속음악, 그레고리안 성가 등을 섞어서 혁명적인 소리와 공간을 만든다.

68

2

3:05
★★

Don't Know Why / **Norah Jones**

작품성 ▶▶▶▶ 대중성 ▶▶▶▶ 재미 ▶▶ 노래 난이도 ▶▶

작곡 제시 해리스 **노래** 노라 존스 **국적** 미국 **발표** 2002 **장르** 현대 재즈

제시 해리스가 불렀을 때는 인기가 없었는데, 노라존스 덕분에 그래미의 '그 해의 노래 상'까지 받는다. 그만큼 '누가 부르는가'가 중요하다. 나른한 분위기가 정말 좋고, 가사는 시적이다.

74

3

3:39
★★★

Love Me for a Reason / **Boyzone**

작품성 ▶▶▶ 대중성 ▶▶▶▶▶ 재미 ▶▶▶▶ 노래 난이도 ▶▶▶

작곡 쟈니 브리스톨, 웨이드 브라운 **노래** 보이존 **국적** 영국 **발표** 1994 **장르** 팝

쟈니 브리스톨의 곡(1974)을 오스몬즈가 불러서 빌보드 1위를 했고, 보이존이 다시 불러서 영국차트 2위를 했다. 뛰어난 멜로디와 가사로 100년 뒤에도 살아 남을 곡이라 믿는다.

80

4

3:45
★★★★

No Woman No Cry / **Bob Marley**

작품성 ▶▶▶▶ 대중성 ▶▶▶ 재미 ▶▶ 노래 난이도 ▶▶▶

작곡 빈센트 포드 **노래** 밥 말리 **국적** 자메이카 **발표** 1974 **장르** 레게

음악으로 세상을 바꿀 수 있을까? 실제로 일부 민중가요나 밥딜런의 곡들은 세상이 바뀌는데 큰 영향을 끼쳤다. 이 곡 역시 자메이카의 정치와 사회에 큰 영향을 끼쳤다.

88

5

4:25
★★★★

Englishman in New York / **Sting**

작품성 ▶▶▶▶ 대중성 ▶▶▶ 재미 ▶▶▶▶ 노래 난이도 ▶▶▶▶

작곡/노래 스팅 **국적** 영국 **발표** 1987 **장르** 재즈, 레게

영국 남자의 특징을 묘사한 가사가 재미있다. 레게 풍의 재즈를 기반으로 한 팝인데, 스팅만큼 다양한 내용과 다양한 장르의 음악을 만들 수 있는 싱어송 라이터가 또 있을까?

96

6

3:08
★★★

When Love Takes Over / **David Guetta**

작품성 ▶▶▶ 대중성 ▶▶▶ 재미 ▶▶▶ 노래 난이도 ▶▶▶

작곡 데이빗 게타 **노래** 켈리 롤랜드 **국적** 프랑스 **발표** 2006 **장르** 전자 음악, 하우스

대중적이면서 작품성도 높은 '댄스 음악'을 넣고 싶었고, 고르고 고른 게 이 곡이다. 세계적으로 큰 인기를 끌었고, 절정으로 가는 도입부와 시원한 사운드가 인상적이다.

106

한국인이 좋아하는 팝송

151위

Wonderful Tonight / Eric Clapton

작곡/노래 에릭 클랩튼　**국적** 영국　**발표** 1977　**장르** 록, 블루스

원더풀 투나잇 / 에릭 클랩튼

E R I C C L A P T O N
S L O W H A N D

Eric Clapton

역사상 최고의 기타리스트로 지미 헨드릭스, 안드레스 세고비아, 에릭 클랩튼을 꼽는다. 현대의 세계 3대 기타리스트 중에 지미 페이지, 제프 벡이 죽었으니, 살아있는 세계 최고의 기타리스트는 에릭 클랩튼 뿐이다. 주로 블루스 느낌이 강한 락을 하는데, 과거에는 'Cream'으로 활동했었고, 현재는 솔로로 활동 중이다.

Wonderful Tonight

패티 보이드는 비틀즈의 멤버인 조지 해리슨의 부인이었다. 근데 에릭 클랩튼의 끈질긴 구애로 패티 보이드는 이혼 후 에릭클랩튼과 결혼한다. 그들이 파티에 갈 때 받은 영감으로 이 곡을 만들었다. 일기같은 가사지만 따뜻하고 행복해 보인다. 하지만 에릭 클랩튼의 술과 바람 때문에 결혼한지 5년 만에 이혼한다. 헤어진 후에 이 곡을 부를 때면 속이 쓰리지 않았을까?

3 5 TH A N N I V E R S A R Y E D I T I O N

E R I C   C L A P T O N

S L O W H A N D

3 5 TH A N N I V E R S A R Y E D I T I O N

534 072-4

COMPACT
disc
DIGITAL AUDIO

Polydor

1. COCAINE
2. WONDERFUL TONIGHT
3. LAY DOWN SALLY
4. NEXT TIME YOU SEE HER
5. WE'RE ALL THE WAY
6. THE CORE 7. MAY YOU NEVER
8. MEAN OLD FRISCO
9. PEACHES AND DIESEL

0:21 It's late in the _____ ;
밑츠 레이린 디

she's wondering what clothes to wear.
쉬즈 원더링 왈 클로우즈 투 웨어

She'll put on _____ make-up,
쉴 풋쏜 메이컾

and brushes her _____ blonde hair.
앤 브러쉬즈 헐 블론드 헤얼

And then she'll ask me,
앤 덴 쉬 애ㅅㅋ 미

"Do I _____ _____ right?"
두 알 롸잍

And I'll say, "Yes,
앤 알 쎄이 예ㅆ

you _____ wonderful tonight".
유 원더풀 투나잍

1:07 We'll go to a _____ and everyone turns to see.
윌 고 투어 앤 에브리원 턴즈 투 씨

This beautiful _____ ▶▶
디ㅆ 뷰리풀

that's walking around with me.
댙츠 워킹 어라운(ㄷ) 윋 미

And then she'll ask me,
앤 덴 쉬 애ㅅㅋ 미

"Do you _____ all right?"
두 유 얼 롸잍

멋진 오늘 밤

그것은 늦은 밤이었지요evening;
이브닝

그녀는 무슨 옷을 입을지 생각중이었어요.

그녀는 그녀의her 화장을 할 거에요,
허

그리고 그녀의 긴long 금발머리를 빗지요.
롱

그런 뒤에 나에게 물어볼거에요,

"저 괜찮아 보이나요look all?"
루컬

그러면 저는 말하겠지요, "응,

당신 오늘밤 멋져 보여look ."라고요.
룩

▶ 조동사, 대명사, 전치사, 관사 등은 주로 약하게 발음하며 소리나지 않을 수 있다. will 이 잘 들리지 않는다.

우리는 파티에party 갈 것이고 모두들 돌아보겠지요.
파티

이 아름다운 아가씨가lady
레이리

제 주위에서 함께 걷고 있으니까요.

▶▶ lady에서 d(ㄷ)를 약하게 ㄹ로 소리냈다.

그런 뒤 그녀는 저에게 물어볼 거에요,

"당신 오늘 기분feel 괜찮나요?"
필

And I'll say, "Yes, I feel wonderful tonight."
앤 알 쎄이 예ㅈ 아이 필 원더풀 투나잍

1:45 I feel wonderful because I see
아이 필 원더풀 비커자이 씨이

the love in your eyes.
더 러ㅂ 인 유얼 아이ㅈ

And the wonder of it all
앤더 원더 어비럴

is that you just don't
이ㅈ 댙츄 저슽 돈

how much I love you.
하우 머취 아이 러뷰

2:27 It's time to go home
잍ㅊ 타임 두 고 호움

and I've got an aching head.
애나입 가런 에이킹 헫

So I give her the keys
쏘 아이 깁 허 더 키이ㅈ

and she helps me to bed.
(앤) 쉬 헲ㅅ 미 루 벧

And then I'll her,
앤 덴 알 헐

as I turn out the light I say, "My darling,
애자이 털언 아울 더 라잍ㅌ 아이 쎄이 마이 달링

you were wonderful tonight.
유 월 원더풀 투나잍

Oh my darling, you were wonderful tonight."
오 마이 달링 유 월 원더풀 투나잍

그러면 제가 말하겠지요, "응, 나 오늘밤 기분 참 좋아."

그리고 제가 기분이 좋은 것은 제가 보기 때문이에요

당신의 눈에 있는 사랑의 빛을요light.
라잍

그리고 그 모든 것의 놀라움은

당신이 깨닫지realize 못하기 때문이에요
리얼라이(ㅈ)

내가 당신을 얼마나 사랑하는지.

이제now 집에 갈 시간이에요
나우

그리고 저는 두통이 생겼어요.

그래서 그녀에게 차car 열쇠들을 주지요
카

그리고 그녀는 제가 침대에 가도록 도와요.

그런 뒤 나는 그녀에게 말할tell 거에요,
텔

제가 그 불빛을 끌 때에 저는 말해요, "내 사랑,

당신 오늘 참 멋졌어.

오, 내 사랑, 당신 오늘 참 멋졌어."

▶ tell과 say의 차이는,
tell은 '들려주다',
say는 '의미를 (말로)
나타낸다'에 가깝다.

패턴 You look wonderful.

960,000 회

느끼는 동사들 중에 일부(예문의 look)는 바로 뒤에 형용사(wonderful)가 나올 수 있다. You look wonderful은 당신은 멋지게 '보인다'를 뜻한다. be동사를 쓴 You are wonderful보다 구체적이다.

마치 be동사와 비슷한 문장구조를 가지는데, 모든 동사가 이렇게 쓸 수 있는 것은 아니고, 느낌과 관련된 몇몇 동사(look보이다, sound들리다, seem생각되다, feel느껴지다, smell냄새나다, taste맛이 나다)와 몇몇 동사(stay, go, get, turn 등)만 이렇게 쓸 수 있다.

① 나는 살아있다고 느껴.
힌트 alive 발췌 Don't Stop Me Now

3,260,000 회

_____ 누가 _____ 한다 _____ 어떤 _____

② 그리고 그 피아노는, 그것은 한 축제 같은 소리를 내지.
힌트 carnival 발췌 Piano Man

290,000 회

And the piano, _____ 누가 _____ 한다 _____ like a _____ 어떤 _____

③ 그리고 그 마이크는 술 한 잔 같은 냄새가 나지.
힌트 microphone 발췌 Piano Man

46,900 회

And the _____ 누가 _____ 한다 _____ 어떤 _____ 어떤 _____ 어떤 _____

정답 ① I feel alive. ② And the piano, it sounds like a carnival. ③ And the microphone smells like a beer.

People gather with candles, 사람들이 촛불을 들고 모여서,
and sing and have a parade. 노래하고 행진하지.

It sounds like a carnival. 축제처럼 들리네.
Next time, I should join it. 다음 번엔, 나도 함께해야겠어.

그것은 집 같은 느낌이 나요.

It feels like home. 4
2,760,000 회

그것은 치킨 같은 맛이 나요.

It tastes like chicken. 5
1,120,000 회

그것은 재미있을 것 같이 들리네요.

It sounds like fun. 6
800,000 회

152위 I Have a Dream / **Abba**

4:43
★★★

아이 해브 어 드림 / 아바

작곡 베니 앤더슨, 비에른 울바에우스 **노래** 아바 **국적** 스웨덴 **발표** 1979 **장르** 팝

가사/듣기

0:22 cope [koup] 대처하다 anything [ˈɛniˌθɪŋ] 어떤 것

0:32 wonder [ˈwʌndər] 경이로움 fairy [ˈfeəri] 요정 tale [teɪl] 이야기 future [ˈfjuːtʃər] 미래
fail [feɪl] 실패하다

0:50 angels [ˈeɪndʒəlz] 천사들 something [ˈsʌmθɪŋ] 어떤 것 everything [ˈɛvrɪθɪŋ] 모든 것

1:05 right [raɪt] 올바른, 적절한 cross [krɔːs] 건너다 stream [striːm] 시냇물

1:23 fantasy [ˈfæntəsi] 환상 reality [riˈæliti] 현실 destination [ˌdɛstɪˈneɪʃən] 목적지

1:41 worth [wɜːrθ] 가치 pushing [ˈpʊʃɪŋ] 미는 (것) darkness [ˈdɑːrknəs] 어둠 still [stɪl] 여전히
another [əˈnʌðər] 또 하나의 mile [maɪl] 마일 (거리의 단위)

153위 Don't Stop Me Now / **Queen**

3:29
★★★★

돈 스탑 미 나우 / 퀸

작곡 프레디 머큐리 **노래** 퀸 **국적** 영국 **발표** 1978 **장르** 록

학습 자료
가사/듣기
58

0:16 inside out [ɪnˈsaɪd aʊt] 뒤집힌 floating [ˈfloʊtɪŋ] 떠다니는 (것) ecstasy [ˈekstəsi] 황홀함

0:34 leaping [ˈliːpɪŋ] 도약하는 (것) defy [dɪˈfaɪ] 거스르다 gravity [ˈɡrævɪti] 중력
racing car [ˈreɪsɪŋ kɑːr] 경주용 자동차 Godiva [ɡəˈdaɪvə] 고디바 (여자 이름)

0:53 burning [ˈbɜːrnɪŋ] 불타고 있는 (것) call [kɔːl] 전화하다, 부르다
Fahrenheit [ˈfærənˌhaɪt] 화씨의 traveling [ˈtrævəlɪŋ] 여행하는 (것)
supersonic [ˌsuːpərˈsɑnɪk] 초음속의

1:29 rocket ship [ˈrɑːkɪt ʃɪp] 로켓선 Mars [mɑːrz] 화성 collision [kəˈlɪʒən] 충돌
satellite [ˈsætəlaɪt] 위성 control [kənˈtroʊl] 제어(하다) reload [ˌriːˈloʊd] 다시 장전하다

1:39 atom bomb [ˈætəm bɑːm] 원자 폭탄 explode [ɪkˈsploʊd] 터지다

2:15 loose [luːs] 느슨하게 하다 honey [ˈhʌni] 꿀, 자기 (애칭) alright [ɑːlˈraɪt] 좋아

154위 How Am I Supposed to Live Without You / **Michael Bolton**

4:15
★★★

가사/듣기

하우 앰 아이 서포우즈드 투 리브 윗아웃 유 / 마이클 볼튼

작곡 더그 제임스, 마이클 볼튼 **노래** 마이클 볼튼 **국적** 미국 **발표** 1989 **장르** 발라드

0:16 hardly [ˈhɑːrdli] 거의 ~하지 않다   straight [streɪt] 똑바로
leavin' [ˈliːvɪn] 떠나는 (것) (=leaving)   swept [swept] 쓸어버렸다

0:45 plans [plænz] 계획들   be supposed to [bi səˈpoʊzd tuː] ~하기로 예상된다

1:17 carry on [ˈkɛri ɒn] 지속하다   livin' [ˈlɪvɪn] 살아가는 (것) (=living)   gone [ɡɒn] 사라진
proud [praʊd] 자랑스러운

1:34 cryin' [ˈkraɪɪn] 우는 (것) (=crying)   break down [breɪk ˈdaʊn] 붕괴하다, 고장나다
blame [bleɪm] 비난하다   built [bɪlt] 지었다   hope [hoʊp] 희망하다

2:01 price [praɪs] 대가   pay [peɪ] 지불하다   dreaming [ˈdriːmɪn] 꿈꾸는 (것)   even [ˈiːvən] 심지어

155위 Love Me Tender / **Elvis Presley**

2:41
★★★

가사/듣기

러브 미 텐더 / 엘비스 프레슬리

작곡 조지 풀턴 **노래** 엘비스 프레슬리 **국적** 미국 **발표** 1956 **장르** 록앤롤, 카운트리

0:05 tender [ˈtendər] 다정한   sweet [swiːt] 달콤한   never [ˈnevər] 결코 ~하지 않다   go [ɡoʊ] 가다

0:19 made [meɪd] 만들었다   complete [kəmˈpliːt] 완전한   true [truː] 참된, 진실한

0:37 dreams [driːmz] 꿈들   fulfilled [fʊlˈfɪld] 이루어진   darlin' [ˈdɑːrlɪn] 사랑하는 사람 (=darling)
always [ˈɔːlweɪz] 항상

0:57 long [lɔːŋ] 오래   take [teɪk] 가져가다   heart [hɑːrt] 심장   belong [bɪˈlɔːŋ] 속하다
part [pɑːrt] 부분

1:49 dear [dɪər] 소중한   tell [tel] 말하다   mine [maɪn] 나의 것   yours [jɔːrz] 너의 것
years [jɪərz] 연도들   end [end] 끝   time [taɪm] 시간

156 위

You've Got a Friend / **Carole King**

5:07
★★★

유브 갓 어 프렌드 / 캐롤 킹

가사/듣기

작곡/노래 캐롤 킹 **국적** 미국 **발표** 1971 **장르** 팝, 소프트 록

0:11　down [daʊn] 아래로　troubled [ˈtrʌbld] 곤란한　care [keər] 관심, 신경 쓰다

0:26　nothing [ˈnʌθɪŋ] 아무것도　soon [suːn] 곧　brighten [ˈbraɪtn] 밝게 하다

1:03　wherever [weərˈevər] 어디에 있든지　running [ˈrʌnɪŋ] 달리는 (것)

1:21　winter [ˈwɪntər] 겨울　spring [sprɪŋ] 봄　summer [ˈsʌmər] 여름　fall [fɔːl] 가을
　　　grow [groʊ] 자라다, 커지다　full [fʊl] 가득 찬

1:54　clouds [klaʊdz] 구름　begin [bɪˈɡɪn] 시작하다　blow [bloʊ] 불다

2:12　together [təˈɡeðər] 함께　loud [laʊd] 큰 소리로　knocking [ˈnɒkɪŋ] 두드리는 것

3:20　cold [koʊld] 차가운　desert [dɪˈzɜːrt] 버리다　desert [ˈdezərt] 사막

3:31　soul [soʊl] 영혼　ain't [eɪnt] ~하지 않다 (비표준 영어)

 157 위

I'm Kissing You / **Des'ree**

4:51
★★★★

아임 키싱 유 / 데즈레

가사/듣기

작곡 데즈레, 티모시 어택 **노래** 데즈레 **국적** 영국 **발표** 1997 **장르** R&B, 소울

0:31　pride [praɪd] 자부심　stand [stænd] 서다　trials [ˈtraɪəlz] 시련들

0:39　strong [strɔːŋ] 강한　fall [fɔːl] 넘어지다　watching [ˈwɑːtʃɪŋ] 보는 (것)　stars [stɑːrz] 별들
　　　without [wɪˈðaʊt] ~없이

0:52　soul [soʊl] 영혼　cried [kraɪd] 울었다

0:59　heaving [ˈhiːvɪŋ] 꽉 찬　heart [hɑːrt] 마음, 심장　pain [peɪn] 고통

1:20　aching [ˈeɪkɪŋ] 아픈 (것)　kissing [ˈkɪsɪŋ] 키스하는 (것)

1:59　touch [tʌtʃ] 만지다　deep [diːp] 깊게　pure [pjʊr] 순수한　true [truː] 진짜의

2:13　gift [ɡɪft] 선물　forever [fəˈrevər] 영원히

3:44　where [weər] 어디에

158위 Lady Marmalade / Christina Aguilera

4:25
★★★★★

레이디 마말레이드 / 크리스티나 아길레라

가사/듣기

작곡 밥 그류, 케니 놀란 **노래** 크리스티나 아길레라, 릴 킴, 마이아, 핑크 **국적** 미국 **발표** 2001
장르 팝, R&B

0:03　flow [floʊ] 흐르다　marmalade [ˈmɑːrmə,leɪd] 마멀레이드 (오렌지 잼)

　　　Moulin Rouge [muːˈlæ̃ ruːʒ] 물랑루즈 (파리의 유명한 캬바레)　strutting [strʌtɪŋ] 거만히 걷는 것

0:26　gitchi [ˈɡɪtʃi] 기치 (아프리카계 유럽인)　mocha [ˈmoʊkə] 모카 (커피와 초콜릿)

　　　chocolata [ʃɔːkəˈlɑːtə] 초콜라타 (초콜릿의 비표준 발음)　creole [ˈkriːoʊl] 크리올 (아프리카계 유럽인)

0:54　boudoir [ˈbuːdwɑːr] 부도아 (여성의 개인 방)　freshened [ˈfrɛʃənd] 상쾌해진

0:59　magnolia [mæɡˈnoʊliə] 목련　satin [ˈsætɪn] 사틴 (실크 같은 고급 직물)

　　　freak [friːk] 괴짜　garter [ˈɡɑːrtər] 가터 벨트 (타이즈를 올리는 데 사용되는 벨트)

1:40　independent [ˌɪndɪˈpɛndənt] 독립적인　disagree [ˌdɪsəˈɡriː] 동의하지 않다

　　　dudes [duːdz] 녀석들　badass [ˈbædæs] 무시무시한

2:39　savage [ˈsævɪdʒ] 야만적인　flannel [ˈflænəl] 플란넬 (부드러운 천)

159위 Oh My Love / John Lennon

2:44
★★

오 마이 러브 / 존 레논

가사/듣기

작곡/노래 존 레논 **국적** 영국 **발표** 1971 **장르** 록

0:30　for [fɔːr] ~을 위해　first [fɜːrst] 첫번째　time [taɪm] 시간　in [ɪn] ~안에

0:41　eyes [aɪz] 눈들　wide [waɪd] 넓은　open [ˈoʊpn] 열린　lover [ˈlʌvər] 연인　see [siː] 보다

0:59　wind [wɪnd] 바람　trees [triːz] 나무들　everything [ˈɛvriˌθɪŋ] 모든 것　clear [klɪr] 맑은

　　　heart [hɑːrt] 마음

1:13　clouds [klaʊdz] 구름들　sky [skaɪ] 하늘　world [wɜːrld] 세계

1:50　mind [maɪnd] 마음, 정신　feel [fiːl] 느끼다

1:56　sorrow [ˈsɑːroʊ] 슬픔　dreams [driːmz] 꿈들　life [laɪf] 생명

2:10　love [lʌv] 사랑

160위 Change the World / **Eric Clapton**

3:55 체인지 더 월드 / 에릭 클랩튼
★★★

가사/듣기

작곡 토미 심스, 고든 케네디, 웨인 커크패트릭 **노래** 에릭 클랩튼 **국적** 영국 **발표** 1996 **장르** 팝, 블루스

0:21 reach [riːʧ] 도달하다　pull [pʊl] 끌다

0:31 shine [ʃaɪn] 빛나다　truth [truːθ] 진실

0:46 seems [siːmz] ~처럼 보이다　dreams [driːmz] 꿈들

1:01 change [ʧeɪnʤ] 바꾸다　world [wɜːrld] 세상　sunlight ['sʌnlaɪt] 햇빛
universe ['juːnɪvɜːrs] 우주

1:11 really ['rɪəli] 정말로　something ['sʌmθɪn] 어떤 것　baby ['beɪbi] 아기, 자기
could [kʊd] ~할 수도 있다

1:33 king [kɪŋ] 왕　even ['iːvən] 심지어　queen [kwiːn] 여왕

1:53 rule [ruːl] 통치하다　kingdom ['kɪŋdəm] 왕국　made [meɪd] 만들다

2:03 fool [fuːl] 바보　wishing ['wɪʃɪŋ] 바라는 (것)

161위 Summer Holiday / **Cliff Richard**

2:07 썸머 홀리데이 / 클리프 리처드
★★

가사/듣기

작곡 브루스 웰치, 브라이언 베넷 **노래** 클리프 리처드 **국적** 영국 **발표** 1963 **장르** 팝

0:08 going ['goʊɪŋ] 가는 중인 (것)　holiday ['hɑːlədeɪ] 휴가　working ['wɜːrkɪŋ] 일하는 (것)
week [wiːk] 주

0:16 fun [fʌn] 재미　laughter ['læftər] 웃음　worries ['wʌriz] 걱정들

0:26 sun [sʌn] 태양　shine [ʃaɪn] 빛나는　brightly ['braɪtli] 밝게　sea [siː] 바다　blue [bluː] 푸른

0:34 seen [siːn] 보았다　movies ['muːviz] 영화들　true [truː] 사실인

0:42 everybody ['ɛvri,bɑdi] 모두　doing ['duːɪŋ] 하는 (것)　things [θɪŋz] 것들
always ['ɔːlweɪz] 항상　wanted ['wɑːntɪd] 원했다

0:54 dreams [driːmz] 꿈들　come [kʌm] 오다, 이루어지다

162 _위 Lemon Tree / **Fool's Garden**

3:10
★★★

레몬 트리 / 풀스 가든

가사/듣기

작곡 피터 프로이덴탈러 **노래** 풀스 가든 **국적** 독일 **발표** 1995 **장르** 팝

0:14 boring [ˈbɔːrɪŋ] 지루한 (것) wasting [ˈweɪstɪŋ] 낭비하는 (것)
  hanging [ˈhæŋɪŋ] 매달리는 (것), 기다리는 (것)

0:34 driving [ˈdraɪvɪŋ] 운전하는 far [fɑːr] 멀리 change [ʧeɪndʒ] 변화시키다
  point of view [pɔɪnt ɒv vjuː] 관점 lonely [ˈloʊnli] 외로운 wonder [ˈwʌndər] 궁금해하다

0:57 yesterday [ˈjestərdeɪ] 어제 told [toʊld] 말했다 (tell의 과거형)

1:07 turning [ˈtɜːrnɪŋ] 돌리는, 회전하는 (것) another [əˈnʌðər] 또 하나의

1:34 miss [mɪs] 그리워하다, 놓치다 power [ˈpaʊər] 힘 shower [ˈʃaʊər] 샤워, 빗발

1:40 heavy [ˈhevi] 무거운 cloud [klaʊd] 구름 inside [ɪnˈsaɪd] 내부 tired [ˈtaɪərd] 피곤한

1:53 isolation [ˌaɪsəˈleɪʃən] 고립 stepping [ˈstepɪŋ] 걷는 (것) desert [ˈdezərt] 사막 joy [ʤɔɪ] 기쁨

2:10 anyhow [ˈænihaʊ] 어떻게든

163 _위 Oops!... I Did It Again / **Britney Spears**

3:31
★★★

웁스!... 아이 디드 잇 어게인 / 브리트니 스피어스

가사/듣기

작곡 맥스 마틴, 라미 야콥 **노래** 브리트니 스피어스 **국적** 미국 **발표** 2000 **장르** 댄스 팝

0:32 crush [krʌʃ] 강렬한 사랑, 으스러뜨리다 serious [ˈsɪəriəs] 진지한 senses [ˈsensɪz] 감각들

0:45 typically [ˈtɪpɪkli] 전형적으로 oops [ʊps] 어머 (놀랄 때 쓰는 감탄사)
  played [pleɪd] 놀았다 lost [lɔːst] 잃어버렸다 (lose의 과거형) game [geɪm] 게임

1:08 innocent [ˈɪnəsənt] 순진한 dreaming [ˈdriːmɪŋ] 꿈꾸는 (것) wishing [ˈwɪʃɪŋ] 바라는 (것)
  heroes [ˈhɪroʊz] 영웅들 exist [ɪɡˈzɪst] 존재하다 cry [kraɪ] 울다 fool [fuːl] 바보
  ways [weɪz] 방법들

2:12 aboard [əˈbɔːrd] 탑승 beautiful [ˈbjuːtɪfəl] 아름다운 minute [ˈmɪnɪt] 분 (시간의 단위)
  thought [θɔːt] 생각했다 (think의 과거형) lady [ˈleɪdi] 아가씨 ocean [ˈoʊʃən] 바다
  end [end] 끝 down [daʊn] 아래로 shouldn't have [ˈʃʊdnt hæv] ~하지 말았어야 했다

164위

Sea of Heartbreak / **Poco**

3:44
★★★
씨 오브 하트브레이크 / 포코

가사/듣기

작곡 폴 햄톤, 할 데이비드 **노래** 포코 **국적** 미국 **발표** 1982 **장르** 컨트리 록

0:33 harbor [ˈhɑːrbər] 항구 shine [ʃaɪn] 빛나다 ship [ʃɪp] 배 sea [siː] 바다

0:53 heartbreak [ˈhɑːrt,breɪk] 상심 loneliness [ˈloʊnliːnəs] 외로움 memories [ˈmɛməriz] 기억들
caress [kəˈres] 촉감, 애무 divine [dɪˈvaɪn] 신성한 wish [wɪʃ] 바라다 again [əˈgɛn] 다시
dear [dɪər] 사랑하는 이 tears [tɪərz] 눈물들

1:28 fail [feɪl] 실패하다 leave [liːv] 떠나다 always [ˈɔːlweɪz] 항상 sail [seɪl] 항해하다

2:13 give [gɪv] 주다 shore [ʃɔːr] 해안 rescue [ˈrɛskjuː] 구하다

2:39 keep [kiːp] 지키다, 유지하다 away [əˈweɪ] 멀리

2:57 lights [laɪts] 불빛들 lost [lɒst] 잃어버린

 165위

Woman in Love / **Barbra Streisand**

3:51
★★★
우먼 인 러브 / 바브라 스트라이샌드

가사/듣기

작곡 로빈 깁, 배리 깁 **노래** 바브라 스트라이샌드 **국적** 미국 **발표** 1980 **장르** 발라드

0:24 moment [ˈmoʊmənt] 순간 space [speɪs] 공간 dream [driːm] 꿈 lonelier [ˈloʊnliər] 더 외로운

0:35 morning [ˈmɔːrnɪŋ] 아침 goodbye [gʊdˈbaɪ] 안녕

0:46 narrow [ˈnæroʊ] 좁은 strong [strɔːŋ] 강한 away [əˈweɪ] 멀리
turn away from [tɜrn əˈweɪ frɒm] ~에서 돌아서다

1:01 stumble [ˈstʌmbl] 넘어지다 fall [fɔːl] 떨어지다 right [raɪt] 권리 defend [dɪˈfɛnd] 방어하다
over [ˈoʊvər] 반복해서, ~위에 again [əˈgɛn] 다시

1:44 eternally [ɪˈtɜːrnəli] 영원히 measure [ˈmɛʒər] 측정

1:55 planned [plænd] 계획했다 heart [hɑːrt] 심장

2:07 oceans [ˈoʊʃənz] 바다들 truth [truːθ] 진실

3:07 talking [ˈtɔːkɪŋ] 이야기하는 (것) feel [fiːl] 느끼다

166 ^위 Reality / **Richard Sanderson**

4:44
★★★

리얼리티 / 리처드 샌더슨

작곡 블라디미르 코스마 **노래** 리처드 샌더슨 **국적** 프랑스 **발표** 1980 **장르** 발라드

가사/듣기

0:14 surprise [sərˈpraɪz] 놀람, 놀라게 하다   realize [ˈriːəˌlaɪz] 깨닫다   change [tʃeɪndʒ] 변화하다

0:26 standing [ˈstændɪŋ] 서 있는 (것)   care [keːr] 신경 쓰다   special [ˈspeʃəl] 특별한

0:39 dreams [driːmz] 꿈들   reality [riːˈælɪti] 현실   fantasy [ˈfæntəsi] 환상

0:52 illusions [ɪˈluːʒənz] 착각들   meant [ment] 의미했다

1:10 different [ˈdɪfərənt] 다른   loving [ˈlʌvɪŋ] 사랑하는 (것)   although [ɔːlˈðoʊ] 비록 ~라 할지라도

1:44 exist [ɪɡˈzɪst] 존재하다   resist [rɪˈzɪst] 저항하다

2:20 foolishness [ˈfuːlɪʃnəs] 어리석음   past [pæst] 과거

2:38 wondrous [ˈwʌndrəs] 기이한   holding [ˈhoʊldɪŋ] 안고 있는 (것)

2:52 perhaps [pərˈhæps] 아마도

167 ^위 Sad Movie / **Sue Thompson**

3:13
★★

새드 무비 / 슈 톰슨

작곡 존 디 로더밀크 **노래** 슈 톰슨 **국적** 미국 **발표** 1961 **장르** 컨트리

가사/듣기

0:20 turned down [tɜrnd daʊn] 거절하다   projector [prəˈdʒektər] 영사기

0:36 darling [ˈdɑːrlɪŋ] 자기   sitting [ˈsɪtɪŋ] 앉는 (것)

1:03 lips [lɪps] 입술들   cartoon [kɑːrˈtuːn] 만화

1:43 get up [get ʌp] 일어나다   slowly [ˈsloʊli] 천천히   walk on [wɔːk ɒn] 계속 걷다

1:51 tears [tɪərz] 눈물들

168위 Summer Nights

3:35
★★★★★

/ Olivia Newton-John & John Travolta

가사/듣기

썸머 나이츠 / 올리비아 뉴튼 존 & 존 트라볼타

작곡 워렌 케이시, 짐 제이콥스 **노래** 올리비아 뉴튼-존, 존 트라볼타 **국적** 영국, 미국 **발표** 1978 **장르** 팝

0:09 blast [blæst] 폭발, 대성공   drifting ['drɪftɪŋ] 떠내려가는 (것)

0:45 cramp [kræmp] 경련   damp [dæmp] 축축한   drowned [draʊnd] (물에) 빠져 죽은

0:55 showed off [ʃoʊd ɔf] 자랑했다   splashing ['splæʃɪŋ] 물을 뿌리는   first sight [fɜːrst saɪt] 첫 눈에

1:22 bowling ['boʊlɪŋ] 볼링   arcade [ɑːr'keɪd] 오락실   strolling ['stroʊlɪŋ] 산책하는 (것)
      lemonade ['lemə,neɪd] 레몬에이드   dock [dɒk] 부두   fling [flɪŋ] 짧은 관계

1:47 brag [bræg] 자랑하다   drag [dræg] 끌다, 저항

2:01 holding ['hoʊldɪŋ] 잡고 있는 (것)   sand [sænd] 모래

2:27 dough [doʊ] 돈, 반죽   spend [spend] 사용하다

2:46 vow [vaʊ] 맹세   wonder ['wʌndər] 궁금해하다   ripped [rɪpt] 찢어진   seams [siːmz] 이음새들

169위 When a Man Loves a Woman

3:52
★★★

/ Michael Bolton 웬 어 맨 러브즈 어 우먼 / 마이클 볼튼

가사/듣기

작곡 캘빈 루이스, 앤드류 라이트 **노래** 마이클 볼튼 **국적** 미국 **발표** 1991 **장르** 소울

0:25 mind [maɪnd] 마음   nothin' ['nʌθɪn] 아무 것도 ~하지 않다   trade [treɪd] 거래하다
      found [faʊnd] 찾았다

0:41 wrong [rɒŋ] 잘못된   back [bæk] 등   spend [spend] 쓰다

1:00 dime [daɪm] 10센트 동전   hold [hoʊld] 잡다

1:10 give up [gɪv ʌp] 포기하다   comforts ['kʌmfərts] 편안함들   sleep [sliːp] 잠을 자다

1:24 ought to [ɔːt tu] ~해야 한다   precious ['preʃəs] 소중한   treat [triːt] 대하다

2:09 deep [diːp] 깊은   soul [soʊl] 영혼   misery ['mɪzəri] 고뇌, 불행

2:20 playing ['pleɪɪŋ] 노는 (것), 속이는 (것)   fool [fuːl] 바보

2:31 loving ['lʌvɪŋ] 사랑하는 (것)   eyes [aɪz] 눈들   see [siː] 보다

2:44 exactly [ɪg'zækli] 정확히   feel [fiːl] 느끼다

170 위 Smoke Gets in Your Eyes / **The Platters**

2:40
★★★
스모크 겟츠 인 유어 아이즈 / 플래터스

가사/듣기

작곡 제롬 컨 **노래** 더 플래터스 **국적** 미국 **발표** 1958 **장르** 소울

0:24 of course [əv kɔːrs] 물론 replied [rɪˈplaɪd] 답했다 inside [ɪnˈsaɪd] 안에, 내부에
denied [dɪˈnaɪd] 부인했다

0:50 blind [blaɪnd] 눈이 먼

1:03 realize [ˈriːəˌlaɪz] 깨닫다 smoke [smoʊk] 연기

1:17 chaffed [tʃæft] 놀려 댔다 gaily [ˈɡeɪli] 유쾌하게 doubt [daʊt] 의심하다

1:39 flown away [floʊn əˈweɪ] 날아갔다 without [wɪˈðaʊt] ~없이

1:51 laughing [ˈlæfɪŋ] 웃는 (것) deride [dɪˈraɪd] 비웃다 tears [tɪrz] 눈물들
hide [haɪd] 숨기다, 감추다 smile [smaɪl] 미소 짓다 say [seɪ] 말하다

2:11 lovely [ˈlʌvli] 사랑스러운 flame [fleɪm] 불꽃 die [daɪ] 죽다 get in [get ɪn] 들어가다
eyes [aɪz] 눈들 something [ˈsʌmθɪŋ] 어떤 것

171 위 Foolish Games / **Jewel**

4:01
★★★
풀리쉬 게임스 / 쥬얼

가사/듣기

작곡/노래 쥬얼 **국적** 미국 **발표** 1997 **장르** 팝, 얼터너티브 록

0:19 take off [teɪk ɒf] 벗다, 이륙하다

0:47 mysterious [mɪˈstɪəriəs] 신비로운 careless [ˈkeəlɪs] 부주의한
fashionably [ˈfæʃnəbli] 유행을 따라 sensitive [ˈsensɪtɪv] 민감한

1:03 doorway [ˈdɔːweɪ] 출입구

1:15 notice [ˈnoʊtɪs] 알아채다 bleeding [ˈbliːdɪŋ] 피를 흘리는 (것)

1:28 knees [niːz] 무릎들 foolish [ˈfuːlɪʃ] 바보 같은 tearing [ˈteərɪŋ] 찢는 (것)

1:45 thoughtless [ˈθɔːtləs] 무심한 brilliant [ˈbrɪliənt] 빛나는

2:13 cigarettes [ˌsɪɡəˈrets] 담배들 philosophy [fɪˈlɒsəfi] 철학 Baroque [bəˈrɒk] 바로크

2:33 clumsily [ˈklʌmzɪli] 서툴게 strummed [strʌmd] (기타를) 연주했다

2:38 mistaken [mɪˈsteɪkən] 잘못 알고 있는 damn [dæm] 젠장

I Believe I Can Fly / R. Kelly

작곡/노래 알 켈리 **국적** 미국 **발표** 1996 **장르** R&B, 소울

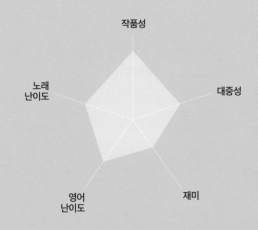

아이 빌리브 아이 캔 플라이 / **알 켈리**

R. Kelly

1967년 시카고에서 태어난 작곡가이자 가수로, 초기에는 가스펠(교회 성가)을 부르다가 R&B(리듬 앤 블루스)로 전향하였다. 빠르게 떨며 정확한 음정을 짚어내는 창법은 판소리가 생각난다. 작곡가로서는 큰 성공을 하지만, 성매매, 아동 성폭력 등의 범죄로 유죄를 받은 것 때문에, 사람들의 인식이 나빠졌다.

I Believe I Can Fly

앞서 마이클 잭슨의 곡(You're not alone)을 작곡했던 알 켈리의 대표곡이다. 알앤비(리듬앤 블루스) 장르의 교과서 같은 곡이다. 알앤비 곡을 듣다보면 이 곡과 구성이나 편곡이 비슷한 곡이 많다. 가사는 현재 힘들고 안 좋은 상황이지만, 앞으로 해낼 수 있을 거라는 자기 암시적인 내용을 담았다. 자꾸 부르다 보면 자존감이 올라가고 성공을 이루게 해주는 가사랄까?

SPACE JAM

R. KELLY

I Believe I Can Fly

MUSIC FROM AND INSPIRED BY THE MOTION PICTURE SPACE JAM

I Believe I Can Fly

0:38 I used to think that I could not go on,
아 유즌 투 띵 댙 아 쿧 낱 고우 온

and life was
앤 라이풔즈

but an awful song.
버런 어풀 쌩

But now I
벝 나우 아이

the meaning of love.
더 미닝 업 럽

I'm leaning on the everlasting arms.
암 리닝 온 디 에벌래ㅅ팅 암즈

If I can it,
이파 캔 엘

then I can do it.
데나 캔 두 엘

If I just believe it, there's nothing to it.
이파 저슬 빌리이벨 데얼즈 나띵 투 엘

제가 날 수 있다고 믿어요

저는 제가 계속 해나갈 수 있다고 믿곤 했지요.

그리고 삶은 아무것도 아닌nothing
낟띵

끔찍한 노래일 뿐이라고 (믿곤 했지요).

하지만 지금 저는 알아요know
노우

진짜true 사랑의 의미를.
트루

저는 변하지 않는 팔에 기대고 있지요.

당신이 그것을 볼 수 있다면see,
씨

제가 그것을 할 수 있지요.

그것을 믿기만 하면, 아무 것도 아니지요(쉽지요).

▶ I를 '아이'라고 하지 않고, 자주 '아'로 발음한다.

▶▶ it을 '잍'이 아니라 '엩'으로 발음하곤 하는데, 더 쉽게 발성을 하기 위해서인 것으로 보인다.

▶▶▶ 원칙은 문장에 조동사는 하나만 있어야 한다. 조동사 can이 있으므로 do는 일반동사로 쓴 것이다.

1:25 I believe I can fly. (oh)
아 빌립 아 캔 플라(이)

I believe I can   the   .
아 빌립 아 캔 더

I think about it every night and day
아 띵커바우맅 에브리 나이랜 데이

my wings and fly away.
마(이) 윙잰 플라이 어웨이

I believe I can soar.
아 빌립 아 캔 쏘

I see me running through that open door.
아 씨 미 러닝 ㄸ루 댙 오우픈 도올

I believe I can fly.
아 빌립 아 캔 플라아

I believe I can fly.
아 빌립 아 캔 플라아

I believe I can fly.
아 빌립 아 캔 플라아

2:06 See I was on the verge of breaking down.
씨 아이 워존 더 벌좁 브뤠이킨 다운

Sometimes silence can seem so loud.
썸타임싸일런ㅅ 캔 씸 쏘 라우ㄷ

There are   in life I must achieve.
데얼 어 진 라이파이 머슽 어취입

But first I know it starts inside of me. (oh)
벝 펄ㅅㅌ 아이 노우 잍 ㅅ탈친싸읻 업 미 호우

If I can see it, (oh) then I can be it.
이파 캔 씨 엩 오우 덴 아 캔 비 잍

If I just believe it, there's nothing to it.
이파 저슽 빌리이벧 데어ㅈ 낱띵 투 엩

제가 날 수 있다고 믿어요.

그 하늘에 닿을 수 있다고 믿어요touch sky.
터치 ㅅ카(이)

매일 낮과 밤에 그것에 대해 생각하지요

제 날개를 펼쳐서spread 멀리 날아가는 것을요.
ㅅ프뤤

제가 손구쳐 날 수 있다고 믿지요.

제가 저 열린 문을 통과해 달리는 것을 보지요.

저는 날 수 있다고 믿어요.

저는 날 수 있다고 믿어요.

저는 날 수 있다고 믿어요.

▶ believe뒤에 that이 생략됐다. believe 뒤의 I can fly에서 I(주어)를 썼기 때문에 알 수 있다.

▶▶ night and를 '나이탠' 으로 읽지 않고 '나이랜'으로 읽었다. t에 강세가 없을 때는 주로 ㄷ,ㄹ으로 소리낸다.

제가 무너지는 벼랑에 서있던 것을 봐요.

때때로 침묵이 아주 큰 소리로 생각될 수 있어요.

삶에는 제가 이뤄야 할 기적들이miracles 있어요.
미뢔클

하지만 먼저 그것은 제 안에서 시작돼야 함을 알아요.

제가 그것을 볼 수 있다면, 그것이 될 수 있을텐데

제가 그것을 믿기만 하면, 아무것도 아니지요.

▶▶▶ 브뤠이'킹'이 아니라 브뤠이'킨'으로 발음했다. ng로 끝나는 단어에서 종종 g를 빼고 발음한다.

▶▶▶▶ if I를 이프 아이로 읽지 않고 대부분 이파(이)로 읽는다.

2:52 ▶

3:31 Hey, 'cos I believe you. (oh)
헤이 커즈 아 빌리 유 오

If I can see it, then I can do it. (I can do)
이파 캔 씨 엩 데나 캔 두 엩 아 캔 두

If I just believe it, there's nothing to it.
이파 저슬 빌리이벹 데얼즈 나띵 투 엩

3:56 ▶

4:32 Hey, if I just spread my wings (I can fly)
헤 이파저슬 ㅅㅍ렏 마 윙즈 아 캔 플라

I can fly (I can fly)
아 캔 플라 아 캔 플라

I can fly (I can fly)
아 캔 플라 아 캔 플라

I can fly, hey (I can fly)
아 캔 플라 헤 아 캔 플라

If I just spread my wings (I can fly)
이파 저슬 ㅅㅍ렏 마 윙즈 아 캔 플라

I can fly...(I can fly, I can fly)
아 캔 플라 아 캔 플라 아 캔 플라

woo... (I can fly)
워우 아 캔 플라

hmmmmm... fly, fly, fly.
험 플라 플라 플라

제가 당신을 믿기 때문에in.
빈

저는 그것을 볼 수있다면, 그것을 할 수 있다고요.

제가 그것을 믿기만 하면, 아무것도 아니지요.

저의 날개를 펼치기만 한다면 (날 수 있어요)

저는 날 수 있어요

저는 날 수 있어요

저는 날 수 있어요

저의 날개를 펼치기만 한다면 (날 수 있어요)

저는 날 수 있어요.

저는 날 수 있어요.

날 수 있어요.

패턴 I can see it. 369,000,000회

can은 will, do와 같은 조동사이다. 가능성을 나타내고 '~할 수 있다'로 해석한다. 할 수 있는 정도는 1~100%로 can에 얼마나 잘할 수 있는지는 알 수 없다. I can see it은 '나는 그것을 볼 수 있다'이다. 조동사와 동사는 항상 하나의 덩어리(동사 구)로 붙여서 생각해야 하며, 문장의 구조는 '누가(I)-한다(can see)-무엇을(it)'이다.

will처럼 can을 문장 앞에 쓰면 묻는 문장이 된다. Can I see it?은 '내가 그것을 볼 수 있나요?'이다. can 뒤에 not을 붙이면 '~할 수 없다'를 뜻하며, I can't see it은 '내가 그것을 볼 수 없다'이다.

(1) 그리고 당신은 그것을 제가 말할 때 제 억양 안에서 들을 수 있지요. 21,100,000 회
힌트 accent 발췌 Englishman in New York

And _____ _____ _____ _____
　　　　　 누가　　　 한다　　　 한다　　　 무엇을
in my accent when I talk.

(2) 저는 모든 방에서 그 가수나 광대가 될 수 있어요. 5,480,000 회
힌트 every 발췌 When I Dream

_____ _____ _____ _____ _____
　누가　　　상태모습　　 상태모습　　　어떤　　　　어떤
or the clown in every room.

(3) 나는 너의 기도들을 들을 수 있어. 868,000 회
힌트 prayer 발췌 You Are Not Alone

_____ _____ _____ _____ _____
　누가　　　 한다　　　 한다　　　 무엇을　　　무엇을

234　　**정답 ①** And you can hear it in my accent when I talk.　**②** I can be the singer or the clown in every room.

Do not touch me again. 다시는 나를 만지지 마.

I said do not touch me again! 내가 만지지 말라고 말했어!

Stop shouting at me. 소리지르지 마.

I can hear you. 나 네 (말) 들을 수 있어.

나는 그것을 (옳게) 해낼 수 있다.　　　**I can** make it (right).　④
161,000,000 회

나는 이것을 (하루 종일) 할 수 있다.　　　**I can** do this (all day).　⑤
157,000,000 회

나는 (그 세계를) 너에게 보여줄 수 있다.　　**I can** show you (the world).　⑥
3,440,000 회

③ I can hear your prayers.

173 _위 I'd Love You to Want Me / **Lobo**

4:04
★★★★

아이드 러브 유 투 원트 미 / 로보

가사/듣기

작곡/노래 로보 **국적** 미국 **발표** 1972 **장르** 컨트리

0:01   standing ['stændɪŋ] 서 있는 (것)   bout [baut] 겨루다
       fell out [fel aut] 떨어지다   moved [muːvd] 움직였다   speak [spiːk] 말하다

0:21   blood [blʌd] 피   feet [fiːt] 발   took time [tuk taim] 시간이 걸렸다

0:34   tried [traid] 시도했다   soul [soul] 영혼   cry [krai] 울부짖다, 울다

1:14   only ['ounli] 오직   let it be [let ɪt biː] 그대로 두다

1:20   told [tould] 말했다   yourself [jɔːr'self] 너 자신   years ago [jɪərz ə'gou] 몇 년 전에

1:27   never ['nɛvər] 절대 ~하지 않다   feeling ['fiːlɪŋ] 감정   show [ʃou] 보이다

1:33   obligation [ˌɑːblɪ'geɪʃn] 의무   made [meɪd] 만들었다   title ['taɪtl] 제목

174 _위 With or Without You / **U2**

4:55
★★★

위드 오어 위드아웃 유 / 유투

가사/듣기

작곡/노래 U2 **국적** 아일랜드 **발표** 1987 **장르** 얼터너티브 록

0:28   stone [stoun] 돌   set [set] 세트   thorn [θɔːrn] 가시   twist [twist] 비틀다

0:45   sleight [slait] 속임수   fate [feit] 운명   nails [neilz] 못들   without [wɪ'ðaut] ~없이

1:12   storm [stɔːrm] 폭풍   reach [riːtʃ] 도달하다   shore [ʃɔːr] 해안   give [giv] 주다
       away [ə'wei] 멀리

2:17   tied [taid] 묶인   bruised [bruːzd] 멍이 든   win [win] 이기다
       nothing ['nʌθɪŋ] 아무것도 ~하지 않다   lose [luːz] 잃다

175위 American Pie / **Madonna**

4:34 아메리칸 파이 / 마돈나
★★★★

가사/듣기

작곡 돈 맥클린 **노래** 마돈나 **국적** 미국 **발표** 2000 **장르** 댄스 팝

0:00 still [stɪl] 여전히 used to [juːst tuː] ~하곤 했다

0:11 chance [ʧæns] 기회

0:43 faith [feɪθ] 믿음 above [ə'bʌv] ~위에 Bible ['baɪbəl] 성경
Rock 'n' roll [ˌrɒk ən 'roʊl] 록 앤 롤 (음악 장르)

0:57 mortal ['mɔːrtəl] 죽을 수 있는 soul [soʊl] 영혼

1:12 'cause [kɔːz] 왜냐하면 (=because) dancin' [dænsɪn] 춤추는 (것) (=dancing) gym [ʤɪm] 체육관

1:19 dig [dɪg] 파다, 관심있게 찾아보다 (비격식)
rhythm and blues ['rɪðm ənd 'bluːz] 리듬 앤 블루스 (음악 장르)

1:23 broncin' [brɒnsɪn] 거친, 제어하기 힘든 (bronco bustling '야생마 길들이기'의 파생어)
buck [bʌk] 돈, 남자 (미국 속어) carnation [kɑːr'neɪʃən] 카네이션 (꽃)

1:46 Chevy [ʃevi] 쉐보레 (자동차 브랜드) levee [levi] 제방 rye [raɪ] 호밀

2:22 sacred [seɪkrɪd] 신성한

2:38 screamed [skriːmd] 소리쳤다 poets [poʊɪts] 시인들

2:53 admire [əd'maɪər] 존경하다 Holy Ghost [hoʊli goʊst] 성령 coast [koʊst] 해안

176위

Back at One / Brian McKnight

작곡/노래 브라이언 맥나이트　**국적** 미국　**발표** 1999　**장르** R&B

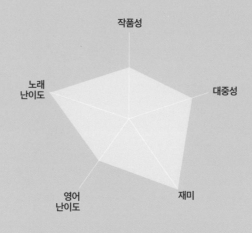

백 앳 원 / **브라이언 맥나이트**

Brian McKnight

작곡가이자 뛰어난 노래 실력을 가진 가수이다. 피아노, 기타, 베이스, 트럼펫, 플루트, 트롬본, 튜바, 퍼커션 등 다양한 악기를 다룰 수 있다. 16회나 그래미에 노미네이트(지명)됐지만, 아직 수상한 적은 한 번도 없다. 영화배우로 활동하기도 했다.

Back at One

빌보드 핫 100 차트에서 2위를 했었고, 브라이언 맥나잇의 가장 유명한 노래이다. 보컬의 넓은 음역대와 감성적인 표현이 인상적이며, 어떻게 사랑에 빠지고, 어떻게 다가갈 것인지, 그 단계를 번호를 매겨가며 전략적으로 표현한 게 재미있다. 다만, 짝사랑임에도 상대방의 감정은 전혀 고려하지 않고 당당하게 다가가는 게, 고백을 듣는 입장에서는 부담스러울 것 같다.

BRIAN McKNIGHT
BACK AT ONE AND MORE

1. LAST DANCE   2. STAY   3. PLAYED YOURSELF   4. BACK AT ONE
5. STAY OR LET IT GO 6. 6, 8, 12   7. YOU COULD BE THE ONE   8. SHALL WE BEGIN
9. GOTHIC INTERLUDE 10. CAN YOU READ MY MIND   11. LONELY   12. CHERISH   13. HOME
14. WHENEVER YOU CALL   15. ANYTIME   16. ONE LAST CRY   17. CRAZY LOVE
18. BACK AT ONE   (S.A. TOWN RAW MIX)

157731-2 · DW 8077

MOTOWN   UNIVERSAL

0:41

undeniable
언디나이어블

that we should be together.
댙 위 슏 비 투게더

It's unbelievable how I used to say
잍츠 언빌리버블 하우 아이 유즈 투 쎄이

that I'd never.
댙 아읻 네버

The basis is need know.
더 베이씨짇 니 노우

If you don't know just how I feel,
이퓨 돈 노우 저스트 하우 아이 피을

then let me show you now
덴 렡 미 쇼 유 나우

that I'm for real. If all things in time,
댙 암 포 리을 이프얼 띵진 타임

time will reveal, yeah.
타임 윌 리빌 예

1번(처음)으로 돌아가서

그것은It's 부정할 수 없죠
잍츠

우리가 함께 해야 한다는 것은.

그것은 믿기지 않지요/ 어떻게 제가

절대 (사랑에) 빠지지fall 않으리라고 말하던 것은.
펄

기본은 알기 위한to 욕구에요.
두

당신이 제가 정확히 어떻게 느끼는지 모른다면,

이제 당신에게 저를 보여줄 수 있게 해줘요

제가 진심이라는 것을. 모든 것의 때가 맞으면,

시간은 드러낼 거에요, 그래요.

▶ 투게더에서 '게'에 강
세가 있으므로 '투'가
약해져서 '루'로 발음
했다.

1:17 ▶

One, you're like a dream come true.
원 유얼 라이커 ㄷ림 컴 트루

Two, just want to be _____ _____ .
투 저슬 워너 비

Three, girl, it's plain to see
ㄸ리 걸 디ㅆ 플레인 투 씨

that you're the only one for me. And
댙 유얼 디 오운리 원 포 미 앤

four, repeat steps one through three.
포 리핕 ㅅ텦ㅆ 원 ㄸ루 ㄸ리

Five, make you fall in _____ with me.
파입 메이큐 퍼린 윈 미

If ever I believe my work is done,
잎 에벌 아 빌립 마이 월ㅋ 이ㅈ 던

then I'll start back at one.
덴 알 ㅅ탙 배깥 원

1:48

(Yeah, hey yeah) It's _____ incredible
예에 헤에 예에 (잍ㅅ) 인ㅋ레더블

the way _____ work themselves out,
더 웨이 월ㅋ 뎀쎌ㅂㅈ 아웉

and _____ emotional
앤 이모쎠널

once you know what it's all about, hey,
원슈 노우 와맅ㅊ 얼 어바웉 헤이

and undesirable for us to be apart.
앤 언디자이러블 폴 어ㅆ투 비 어팥

I never would have made it very _____
(아) 네버 우릅 메이맅 베리

'cause you know
커쥬 노

첫째, 당신은 꿈이 현실이 된 것 같아요.

둘째, 단지 당신과 함께with you 하고 싶어요.
위듀

셋째, 그대여, 그것은 분명해요

당신이 오직 저만을 위한 사람이라는 것은. 그리고

넷째로, 첫째부터 셋째까지 반복해요.

다섯째, 당신이 저와 사랑에love 빠지게 해요.
럽

혹시 제가 한 일들이 잘 끝났다고 믿어진다면,

저는 다시 처음으로 돌아가서 시작할 거에요.

▶ 뜨리에서 '리'에 강세
   가 있으므로 음악에서
   도 '리'에 박자가 시작
   한다.

▶▶ it~to구문이다. it's보
   다는 this에 가깝게 들
   리지만, 문법상 it's임
   을 알 수 있다.

그것은 아주so 믿기지 않을 정도에요/
쏘

그들 스스로를 이해하는 방식은요things.
띵ㅈ

그리고 (그것은) 모두all 감정적이에요/
얼

당신이 안다면 그 모든 것이 무엇에 대한 것인지.

그리고 우리가 헤어지는 것은 원하지 않아요.

저는 절대 이렇게 멀리까지far 해낼 수는 없었을 거에요
바

당신이 알기 때문이지요

you've got the keys to my heart.
윱 같 더 키이ㅈ 툼마이 핱

'Cause
커ㅈ

2:27 ▶

2:56 Say farewell to the dark of _____.
쎄이 페얼웰 투 더 달컵

I see the coming of the sun.
아 씨 더 커밍 어ㅂ 더 썬

I feel like a _____ child
아이 필 라이커 차일ㄷ

whose life has just begun.
후ㅈ 라이ㅍ 해ㅈ 저슽 비건

You came and breathed new _____
유 케이먼 브레딛 누

into this lonely heart of _____.
인투 디ㅆ 론리 하롭

You threw out the lifeline
유 뜨루 아웉 더 라이프라인

just in the nick of time.
저ㅅ틴 더 닠껍 타임

3:28 ▶

당신이 제 마음으로 가는 열쇠를 가졌다는 것을요.

왜냐하면

어두운 밤에night 작별을 말해요.
　　　　　나잍

저는 태양이 오는 것을 봐요.

저는 어린little 아이가 된 것처럼 느껴요
　　　　리를

그 아이의 삶이 막 시작한 것처럼요.

당신은 와서 새로운 생명을life 불어넣었지요
　　　　　　　라이ㅍ

이 외로운 저의mine 가슴 안으로요.
　　　　　마인

당신이 생명줄을 던져줬지요/

정확히 딱맞는 때에요.

패턴 I just want to be with you.

with은 '~과 (함께)'이다. with you는 '너와 (함께)'이다. 동사 have의 전치사 형태로 생각할 수도 있다. 반대말은 without이고, 뜻은 '~없이'이다.

I just want to be with you는 '나는 단지 너와 함께 있기를 원한다'이다. be를 쓴 이유는 to 뒤에 동사를 쓸 때는 동사 원형만 써야 하기 때문이다. 그리고 be동사 뒤에 '전치사+명사'도 올 수 있 는데, 주로 장소와 관련된 '전치사+명사'가 온다.

1 오직 그가 저와 함께 있을 때, 저는 빛을 잡아요(빛나요).
발췌 9 to 5 (Morning Train)

Only when 누가+상태모습 ＿＿＿＿ ＿＿＿＿, I catch light.

2 왜냐하면 내가 여기에 너와 함께 있어.
힌트 here   발췌 You Are Not Alone

For ＿누가＿ ＿상태모습＿ ＿어떤＿ ＿＿＿＿ ＿＿＿＿

3 그는 데이비와 함께 말하고 있어요.
힌트 talk   발췌 Piano Man

누가+상태모습 ＿＿＿＿ 어떤 ＿＿＿＿ ＿＿＿＿

정답 ① Only when he's with me, I catch light. ② For I am here with you. ③ He's talkin' with Davy.

My parents died. 나의 부모님들이 돌아가셨어.

There's no one by my side. 내편은 아무도 없어.

Don't cry. 울지마.

I'm always here with you. 나는 항상 너와 함께 여기 있어.

나는 너와 함께 사랑에 빠졌어.　　　　　　　　I'm in love **with you.**
19,800,000 회

나는 너와 함께 행복해.　　　　　　　　　　　I'm happy **with you.** ⑤
6,140,000 회

나는 바로 그곳에 너와 함께 (동의하며)있어.　　I'm right there **with you.** ⑥
619,000 회

177위 More Than I Can Say / **Leo Sayer**

가사/듣기

3:40
★★★

모어 댄 아이 캔 세이 / 리오 세이어

작곡 서니 커티스, 제리 앨리슨 **노래** 리오 세이어 **국적** 영국 **발표** 1980 **장르** 소프트 록

0:30 **twice** [twaɪs] 두 번

0:45 **miss** [mɪs] 그리워하다 **single** ['sɪŋɡəl] 단 하나의

0:50 **filled with** [ˌfɪld 'wɪð] ~으로 채워진 **sorrow** ['sɑːroʊ] 슬픔

1:10 **mean** [miːn] 의미하다 **cry** [kraɪ] 울다 **another** [əˈnʌðər] 또 하나의 **guy** [ɡaɪ] 남자, 녀석

178위 I Love You for Sentimental Reasons

/ **Deek Watson & His Brown Dots**

가사/듣기

3:49
★★★

아이 러브 유 포 센티멘탈 리즌즈 / 딕 왓슨 앤 히즈 브라운 닷츠

작곡 딕 왓슨, 윌리엄 팻 베스트 **노래** 딕 왓슨 앤 히즈 브라운 닷츠 **국적** 미국 **발표** 1945 **장르** 재즈

0:05 **sentimental** [ˌsɛntɪˈmɛntəl] 감정적인 **reasons** [ˈriːznz] 이유들 **believe** [bɪˈliːv] 믿다

0:18 **heart** [hɑːrt] 심장, 마음

0:28 **alone** [əˈloʊn] 혼자의, 단독의 **meant** [mɛnt] 의미했다 **please** [pliːz] 제발
loving [ˈlʌvɪŋ] 사랑하는 (것) **part** [pɑːrt] 헤어지다

0:45 **think** [θɪŋk] 생각하다 **every** [ˈɛvri] 모든 **morning** [ˈmɔːrnɪŋ] 아침 **dream** [driːm] 꿈꾸다
night [naɪt] 밤 **darling** [ˈdɑːrlɪŋ] 자기, 사랑하는 사람 **never** [ˈnɛvər] 절대로 ~하지 않다
lonely [ˈloʊnli] 외로운

0:57 **whenever** [wɛnˈɛvər] ~할 때마다 **sight** [saɪt] 시야 **given** [ˈɡɪvn] 주어진, 주었다

179위 Green, Green Grass of Home / **Tom Jones**

가사/듣기

2:26 ★★★

그린, 그린 그라스 오브 홈 / 톰 존스

작곡 컬리 푸트맨 **노래** 톰 존스 **국적** 영국 **발표** 1966 **장르** 컨트리

0:11 step down [step daʊn] 내려가다 meet [miːt] 만나다

0:28 road [roʊd] 도로 run [rʌn] 달리다 hair [hɛər] 머리카락 gold [goʊld] 금색의
lips [lɪps] 입술들 cherries [ʧeriːz] 체리들

0:40 touch [tʌʧ] 만지다 green [griːn] 녹색 grass [græs] 잔디
reaching [riːʧɪŋ] 도달하는 (것)

0:54 smiling [smaɪlɪŋ] 미소 짓는 (것) sweetly [swiːtli] 달콤하게

1:12 standing ['stændɪŋ] 서 있는 (것) cracked [krækt] 깨진 dry [draɪ] 건조한

1:22 oak [oʊk] 참나무 lane [leɪn] 차선, 골목

2:08 shade [ʃeɪd] 그늘 neath [niːθ] 아래에 (=beneath)

180위 Love Song / **Paper Lace**

가사/듣기

4:23 ★★★

러브 송 / 페이퍼 레이스

작곡 피터 칼랜더, 미치 머레이 **노래** 페이퍼 레이스 **국적** 영국 **발표** 1974 **장르** 소프트 록

0:12 recently ['riːsəntli] 최근에 change [ʧeɪnʤ] 변화

0:44 darling ['dɑːrlɪŋ] 사랑하는 사람 hide [haɪd] 숨기다 once [wʌns] 한때 died [daɪd] 죽었다

1:15 tender ['tɛndər] 다정한 tournament ['tɔːrnəmənt] 대회 champion ['ʧæmpiən] 우승자

1:40 chambers [ʧeɪmbərz] 방들 secretly ['siːkrɪtli] 비밀리에

2:27 moon [muːn] 달 high [haɪ] 높은 bright [braɪt] 밝은 dream [driːm] 꿈꾸다

2:44 tonight [təˈnaɪt] 오늘 밤 morning ['mɔːrnɪŋ] 아침 mass [mæs] 미사 glance [glæns] 시선

3:00 Nottingham ['nɒtɪŋəm] 노팅엄 (영국의 도시) fair [fɛər] 박람회

3:08 fulfill [fʊlˈfɪl] 충족시키다 there [ðɛr] 거기에

181위 Rain and Tears / **Aphrodite's Child**

가사/듣기

3:13
★★★

레인 앤드 티어스 / 아프로디테스 차일드

작곡 요한 파헬벨, 에방겔로스 오디세아스 파파타나시우 **노래** 아프로디테스 차일드 **국적** 그리스
발표 1968 **장르** 프로그레시브 록

0:34 **got to** [gɒt tuː] ~해야 했다 **play** [pleɪ] 놀다 **game** [geɪm] 게임 **cry** [kraɪ] 울다

0:44 **winter** [ˈwɪntər] 겨울 **pretend** [prɪˈtend] 가장하다 **nothing** [ˈnʌθɪŋ] 아무것도 ~하지 않다
rain [reɪn] 비

0:56 **times** [taɪmz] 번, 회 **seen** [siːn] 보았다 **coming** [ˈkʌmɪŋ] 오는 (것) **blue** [bluː] 파란색의

1:46 **give** [gɪv] 주다 **answer** [ˈænsər] 답 **love** [lʌv] 사랑 **need** [niːd] 필요하다

2:06 **heart** [hɑːrt] 심장 **feel** [fiːl] 느끼다 **rainbow** [ˈreɪnboʊ] 무지개 **waves** [weɪvz] 파도들

2:16 **both** [boʊθ] 둘 다 **shun** [ʃʌn] 피하다

182위 The Saddest Thing / **Melanie**

가사/듣기

5:03
★★★

더 새데스트 씽 / 멜라니

작곡/노래 멜라니 사프카 **국적** 미국 **발표** 1970 **장르** 포크

0:53 **saddest** [ˈsædɪst] 가장 슬픈 **above** [əˈbʌv] ~위에

1:08 **goodbye** [ˌgʊdbaɪ] 안녕 **ones** [wʌnz] 사람들

1:27 **known** [noʊn] 알려진, 알았다 **life** [laɪf] 인생 **my very own** [maɪ ˈveri oʊn] 나만의

2:00 **before** [bɪˈfɔːr] ~전에

2:32 **weep** [wiːp] 울다 **scene** [siːn] 장면

3:00 **hardest** [ˈhɑːrdɪst] 가장 어려운

4:05 **loudest** [ˈlaʊdɪst] 가장 큰 소리인 **cry** [kraɪ] 울음 **silent** [ˈsaɪlənt] 침묵의

183 위 In Dreams / Roy Orbison

2:49 ★★★

인 드림스 / 로이 오비슨

가사/듣기

작곡/노래 로이 오비슨 **국적** 미국 **발표** 1963 **장르** 팝, 록앤롤

0:01 **colored** [ˈkʌlərd] 색칠된 **clown** [klaʊn] 광대 **sandman** [ˈsændmæn] 모래인간
tiptoes [ˈtɪptoʊz] 발끝들

0:09 **sprinkle** [ˈsprɪŋkl] 뿌리다 **stardust** [ˈstɑːrdʌst] 별똥별 **whisper** [ˈwɪspər] 속삭이다

0:24 **drift** [drɪft] 표류하다, 흘러가다 **magic** [ˈmædʒɪk] 마법의 **softly** [ˈsɔːftli] 부드럽게

0:37 **silent** [ˈsaɪlənt] 조용한 **prayer** [preɪər] 기도 **dreamers** [ˈdriːmərz] 꿈꾸는 사람들

1:34 **dawn** [dɔːn] 새벽 **awake** [əˈweɪk] 깨어난 **gone** [ɡɔːn] 없어진

1:51 **help** [help] 돕다 **remember** [rɪˈmembər] 기억하다 **goodbye** [ˌɡʊdˈbaɪ] 작별 인사

2:10 **bad** [bæd] 나쁜 **happen** [ˈhæpn] 일어나다 **only** [ˈoʊnli] 오직, 단지

2:36 **beautiful** [ˈbjuːtɪfəl] 아름다운 **candy** [ˈkændi] 사탕 **dream** [driːm] 꿈

184 위 Always Somewhere / Scorpions

4:56 ★★★

얼웨이스 섬웨어 / 스콜피온스

가사/듣기

작곡 루돌프 쉥커 **노래** 스콜피온스 **국적** 독일 **발표** 1979 **장르** 하드 록

0:53 **arrive** [əˈraɪv] 도착하다

1:09 **encore** [ˈɒŋkɔːrz] 앙코르 (재청하는 연주) **Chinese** [ˈtʃaɪˌniːz] 중국의 **hotel** [hoʊˈtel] 호텔

1:43 **number** [ˈnʌmbər] 번호 **free** [friː] 비어 있는

2:00 **night** [naɪt] 밤 **seem** [siːm] ~처럼 보이다 **lost** [lɔːst] 잃어버린 **dream** [driːm] 꿈
love [lʌv] 사랑하다 **feel** [fiːl] 느끼다

2:18 **always** [ˈɔːlweɪz] 항상 **somewhere** [ˈsʌmˌwer] 어딘가에 **miss** [mɪs] 그리워하다
been [biːn] 있었다 (be의 과거분사) **back** [bæk] 다시

3:25 **another** [əˈnʌðər] 또 하나의 **place** [pleɪs] 장소 **off** [ɔːf] 떨어져서 **far** [fɑːr] 멀리

3:42 **city** [ˈsɪti] 도시 **seen** [siːn] 봤다 (see의 과거분사) **end** [end] 끝 **bring** [brɪŋ] 가져오다

185 Beautiful World / **Sumi Jo**

5:02
★★★★

뉴티풀 월드 / 조수미

가사/듣기

작곡 스콧숀 스코트 **노래** 조수미 **국적** 대한민국 **발표** 2000 **장르** 발라드

0:28 **better** ['betər] 더 나은 (것) **moment** ['moʊmənt] 순간 **sorrowful** ['sɑːroʊfəl] 슬픈
veil [veɪl] 면사포 **recount** [riː'kaʊnt] 되짚어보다 **longing** ['lɔːŋɪŋ] 갈망하는 (것)

1:01 **prisoners** ['prɪzənər] 포로들 **sadness** ['sædnəs] 슬픔 **guide** [gaɪd] 안내하다

1:39 **harbour** ['hɑːrbər] 항구 **paradise** ['pærədaɪs] 천국

3:18 **embrace** [ɪm'breɪs] 포옹하다 **broken-hearted** [ˌbroʊkən'hɑːrtɪd] 상심한 **melt** [melt] 녹다

3:37 **river** ['rɪvər] 강 **raging** ['reɪʤɪŋ] 격렬한 **change** [ʧeɪnʤ] 바꾸다 **world** [wɜːrld] 세상

186 Calling You / **Jevetta Steele**

5:22
★★★

콜링 유 / 제베타 스틸

가사/듣기

작곡 밥 텔슨 **노래** 제베타 스틸 **국적** 미국 **발표** 1991 **장르** 소울

0:02 **desert** ['dezərt] 사막 **Vegas** ['veɪgəs] 베가스 (=라스베가스, 미국의 사막에 있는 도시)
nowhere ['noʊˌwer] 아무데도 없다

0:20 **fixing** ['fɪksɪŋ] 수리하는 (것) **bend** [bend] 굽히다, 굽은 곳

0:31 **calling** ['kɔːlɪŋ] 부르는 (것) **hear** [hɪr] 듣다

1:00 **dry** [draɪ] 건조한 **wind** [wɪnd] 바람 **blow** [bloʊ] 불다 **through** [θru] ~을 통하여

1:08 **crying** ['kraɪɪŋ] 우는 (것) **can't** [kænt] ~할 수 없다 **sleep** [sliːp] 자다

1:16 **change** [ʧeɪnʤ] 변화 **coming** ['kʌmɪŋ] 오는 (것) **closer** ['kloʊzər] 더 가까운
sweet [swiːt] 달콤한 **release** [rɪ'liːs] 해방하다

1:41 **know** [noʊ] 알다

187위 Donna / **Los Lobos**

2:20
★★★

도나 / 로스 로보스

가사/듣기

작곡 리치 밸런스 **노래** 로스 로보스 **국적** 미국 **발표** 1987 **장르** 록

0:02   Donna [ˈdɒnə] 도나 (여자 이름)

0:21   left [lɛft] 남겨진, 떠났다   same [seɪm] 같은

0:42   alone [əˈloʊn] 혼자의   wonder [ˈwʌndər] 궁금해하다   roam [roʊm] 방황하다

1:04   darling [ˈdɑːrlɪŋ] 자기   gone [ɡɔːn] 사라진   know [noʊ] 알다

188위 What Can I Do / **Smokie**

3:37
★★

왓 캔 아이 두 / 스모키

가사/듣기

작곡/노래 스모키 **국적** 영국 **발표** 1975 **장르** 록

0:17   seem [siːm] ~처럼 보이다   float [floʊt] 떠다니다   cloud [klaʊd] 구름   wind [wɪnd] 바람
      sky [skaɪ] 하늘   move [muːv] 움직임   wrong [rɒŋ] 잘못된

0:34   cold [koʊld] 차가운   black [blæk] 검은   night [naɪt] 밤   summer [ˈsʌmər] 여름

1:01   guitar [ɡɪˈtɑːr] 기타   smile [smaɪl] 미소   face [feɪs] 얼굴   changed [tʃeɪndʒd] 변화된
      rearranged [ˌriːəˈreɪndʒd] 재배열된

1:13   born [bɔːrn] 태어난   tried [traɪd] 시도했다   remain [rɪˈmeɪn] 남아있다

2:26   voices [ˈvɔɪsɪz] 목소리들   singing [ˈsɪŋɪŋ] 노래하는 (것)

2:33   ghost [ɡoʊst] 유령   past tense [pæst tɛns] 과거 시제
      lock and key [lɒk ænd kiː] 자물쇠와 열쇠   freedom [ˈfriːdəm] 자유   sin [sɪn] 죄

189위
2:56 ★★

San Francisco
(Be Sure to Wear Flowers in Your Hair)

가사/듣기

/ Scott McKenzie 샌프란시스코 / 스콧 메켄지

작곡 존 필립스 **노래** 스콧 맥켄지 **국적** 미국 **발표** 1967 **장르** 포크

0:07　be going to [biː ˈɡoʊɪŋ tuː] ~할 것이다　San Francisco [sæn frənˈsɪskoʊ] 샌프란시스코 (미국 지역)

0:15　sure [ʃʊər] 확신하다　wear [wer] 착용하다　flowers [ˈflaʊərz] 꽃들　hair [her] 머리카락

0:32　meet [miːt] 만나다　gentle [ˈdʒent] 온화한　people [ˈpiːpl] 사람들

0:52　summertime [ˈsʌmərtaɪm] 여름철　love-in [lʌv ɪn] (히피들의) 사랑의 집회
　　　streets [striːts] 거리들

1:19　across [əˈkrɒs] 건너편에　nation [ˈneɪʃən] 국가　strange [streɪndʒ] 이상한
　　　vibration [vaɪˈbreɪʃən] 진동　motion [ˈmoʊʃən] 움직임

1:34　whole [hoʊl] 전체의　generation [ˌdʒenəˈreɪʃən] 세대　explanation [ˌekspləˈneɪʃən] 설명

190위
3:46 ★★★

She Bop / **Cyndi Lauper**
쉬 밥 / 신디 로퍼

가사/듣기

작곡 신디 로퍼, 스티븐 브로튼 런트, 개리 콜벳, 릭 셰르토프 **노래** 신디 로퍼 **국적** 미국 **발표** 1984
장르 댄스 팝

0:13　'em [əm] 그들을 (=them)　tight [taɪt] 꽉 끼는　jeans [dʒiːnz] 청바지　pages [ˈpeɪdʒɪz] 쪽들
　　　magazine [ˌmæɡəˈziːn] 잡지

0:28　sensation [senˈseɪʃn] 감각　vibrations [vaɪˈbreɪʃənz] 진동들　bop [bɑp] 박자를 맞추며 춤추다

0:42　roar [rɔːr] 포효하다　south [saʊθ] 남쪽

0:56　stitch [stɪtʃ] 바늘땀　save [seɪv] 구하다　blind [blaɪnd] 눈이 멀다

2:10　chaperone [ˈʃæpəroʊn] 보호자　messing [ˈmesɪŋ] 망치는 (것)
　　　danger zone [ˈdeɪndʒər zoʊn] 위험 지역　worry [ˈwʌri] 걱정하다　fret [fret] 애를 먹다

2:28　law [lɔː] 법　yet [jet] 아직

191 위

Somebody to Love / Queen
썸바디 투 러브 / 퀸

4:57
★★★★

가사/듣기

작곡 프레디 머큐리 **노래** 퀸 **국적** 영국 **발표** 1976 **장르** 프로그레시브 록

0:27   get up [gɛt ʌp] 일어나다   barely ['beərli] 거의 ~않다

0:43   relief [rɪ'liːf] 안도감   somebody ['sʌmbɒdi] 누군가

1:07   ache [eɪk] 아프다   bones [boʊnz] 뼈들   hard earned [hɑːrd ɜːrnd] 힘들게 번

1:18   pray [preɪ] 기도하다   tears [tɪrz] 눈물들   run down [rʌn daʊn] 쇠퇴하다

1:48   crazy ['kreɪzi] 미친

1:54   common sense ['kɒmən sɛns] 상식   rhythm ['rɪðm] 리듬   losing ['luːzɪŋ] 잃어버리는 (것)

1:42   defeat [dɪ'fiːt] 패배

2:51   prison ['prɪzən] 감옥   cell [sɛl] 감방   free [friː] 자유롭다   somebody ['sʌmbɒdi] 누군가

4:38   anywhere ['ɛniwɛər] 어디든

192 위

Unchained Melody / The Righteous Brothers
언체인드 멜로디 / 라이처스 브라더스

3:36
★★

가사/듣기

작곡 알렉스 노스 **노래** 라이처스 브라더스 **국적** 미국 **발표** 1965 **장르** 소울

0:08   darling ['dɑːrlɪŋ] 사랑하는 사람   hungered ['hʌŋgərd] 갈망했다   touch [tʌtʃ] 손길

0:19   lonely ['loʊnli] 외로운

0:29   slowly ['sloʊli] 천천히

0:47   still [stɪl] 여전히   mine [maɪn] 나의 것   need [niːd] 필요하다

1:13   god [gɑːd] 신   speed [spiːd] 속도

1:27   rivers ['rɪvərz] 강들   flow [floʊ] 흘러가다   sea [siː] 바다   open ['oʊpn] 열린
  arms [ɑːrmz] 팔들

1:42   sigh [saɪ] 한숨을 쉬다   wait [weɪt] 기다리다   coming ['kʌmɪŋ] 돌아오는 (것)
  home [hoʊm] 집

193위 Just the Way You Are / **Billy Joel**

4:49 ★★★ 저스트 더 웨이 유 어 / 빌리 조엘

작곡/노래 빌리 조엘 **국적** 미국 **발표** 1977 **장르** 팝

 가사/듣기

0:09 changing ['ʧeɪndʒɪŋ] 변화시키는 (것) let down [let daʊn] 실망시키다
imagine [ɪ'mædʒɪn] 상상하다 familiar [fə'mɪliər] 친숙한

0:36 trouble ['trʌbəl] 곤란한 times [taɪmz] 시기, 번 fashion ['fæʃən] 패션, 유행, 방식

1:21 passion ['pæʃən] 열정 care [ker] 신경 쓰다 unspoken [ʌn'spoʊkən] 말하지 않은

1:35 clever ['klɛvər] 똑똑한 conversation [ˌkɑːnvər'seɪʃən] 대화

1:43 hard [hɑːrd] 열심히 someone ['sʌmˌwʌn] 어떤 사람 always ['ɔːlweɪz] 항상

2:20 believe [bɪ'liːv] 믿다

2:37 forever [fə'revər] 영원히 promise ['prɑːmɪs] 약속하다 heart [hɑːrt] 마음

2:52 better ['betər] 더 잘

194위 Venus / **Shocking Blue**

3:37 ★★ 비너스 / 쇼킹 블루

작곡 로비 반 로이벤 **노래** 바나나라마 **국적** 영국 **발표** 1986 **장르** 댄스 팝

 가사/듣기

0:19 goddess ['gɒdɪs] 여신 mountain ['maʊntɪn] 산 burning ['bɜːrnɪŋ] 불타는 (것)
silver ['sɪlvər] 은색의 flame [fleɪm] 불꽃 summit ['sʌmɪt] 정점 beauty ['bjuːti] 아름다움

0:42 Venus ['viːnəs] 비너스 (로마 신화의 사랑과 아름다움의 여신) fire [faɪər] 불꽃
desire [dɪ'zaɪər] 바람, 욕망

0:58 weapons ['wepənz] 무기들 crystal ['krɪstl] 수정같은 eyes [aɪz] 눈들
making ['meɪkɪŋ] 만드는 (것) man [mæn] 남자 mad [mæd] 미친

1:05 black [blæk] 검은 dark [dɑːrk] 어두운 night [naɪt] 밤 what [wɑːt] 무엇 else [els] 다른
had [hæd] 가졌다

195위 Love Potion No. 9 / **The Clovers**

1:56
★★★★

러브 포션 넘버 나인 / 더 클로버스

가사/듣기

작곡 제리 리이버, 마이크 스톨러 **노래** 더 클로버스 **국적** 미국 **발표** 1959 **장르** 소울

0:01 **troubles** [ˈtrʌbəlz] 고민들 **madame** [ˈmædəm] 여사 **gypsy** [ˈdʒɪpsi] 집시
gold-capped [goʊld kæpt] 금이 덮인 **pad** [pæd] 집, 보호대
Thirty-Fourth and Vine [ˈθɜːrtiːfɔrθ ænd vaɪn] 써티-포스와 바인 (도로 이름)
selling [ˈsɛlɪŋ] 팔고 있는 (것) **potion** [ˈpoʊʃən] 묘약

0:20 **flop** [flɑːp] 실패작 **chics** [ʧɪks] 여자들 (=chicks) **palm** [pɑːm] 손바닥

0:38 **bent down** [bɛnt daʊn] 몸을 숙였다
turpentine [ˈtɜːrpənˌtaɪn] 터펜틴 (나무의 수액에서 추출한 시멘트나 도료 용매)
indian ink [ˈɪndiən ɪŋk] 인도 잉크 (까맣고 두꺼운 잉크)

0:58 **kissing** [ˈkɪsɪŋ] 키스하는 (것) **sight** [saɪt] 시야 **cop** [kɒp] 경찰 **broke** [broʊk] 깨뜨렸다

1:35 **fun** [fʌn] 재미 **goin' back** [ˈgoʊɪŋ bæk] 돌아 가는 (것) (=going back)
wonder [ˈwʌndər] 궁금해하다 **happened** [ˈhæpnd] 발생했다

196위 Nothing's Gonna Stop Us Now / **Starship**

4:30
★★

낫띵즈 고너 스톱 어스 나우 / 스타쉽

가사/듣기

작곡 앨버트 해몬드, 다이안 워렌 **노래** 스타쉽 **국적** 미국 **발표** 1987 **장르** 소프트 록

0:25 **paradise** [ˈpærədaɪs] 낙원

0:33 **beside** [bɪˈsaɪd] ~옆에 **feeling** [ˈfiːlɪŋ] 느낌 **crazy** [ˈkreɪzi] 미친
about [əˈbaʊt] ~에 대하여 **ever** [ˈɛvər] 언제나

0:53 **apart** [əˈpɑːrt] 따로, 분리하여 **heart** [hɑːrt] 마음, 심장

1:03 **build** [bɪld] 짓다, 구축하다 **dream** [driːm] 꿈 **standing** [ˈstændɪŋ] 서있는 (것)
forever [fɔːrˈɛvər] 영원히

1:14 **run out of** [rʌn aʊt ʌv] ~이 떨어지다 **lovers** [ˈlʌvərs] 연인들

1:30 **glad** [glæd] 기쁜 **lose** [luːz] 잃다

1:35 **whatever** [wʌtˈɛvər] 무엇이든 **times** [taɪmz] 시기, 번

197 위 Dreams / **The Cranberries**

4:15
★★★
드림스 / 크랜베리스

가사/듣기

작곡 노엘 호건, 돌로레스 오리오던 **노래** 크랜베리스 **국적** 아일랜드 **발표** 1992 **장르** 얼터너티브 록

0:35 changing [ˈtʃeɪndʒɪŋ] 변하는 (것) possible [ˈpɒsɪbəl] 가능한 dream [driːm] 꿈

0:53 quite [kwaɪt] 아주, 꽤 seem [siːm] ~처럼 보이다

1:04 felt [felt] 느꼈다 before [bɪˈfɔːr] ~이전에 feeling [ˈfiːlɪŋ] 느낌 open [ˈoʊpən] 열다

1:22 falling [ˈfɔːlɪŋ] 떨어지는 (것) different [ˈdɪfərənt] 다른

1:50 ignore [ɪgˈnɔːr] 무시하다 true [truː] 진실된

2:19 openly [ˈoʊpənli] 공개적으로 heart [hɑːrt] 마음 hurt [hɜːrt] 상처 주다

2:27 couldn't [ˈkʊdn̩t] ~할 수 없었다 find [faɪnd] 찾다 totally [ˈtoʊtəli] 완전히

2:34 amazing [əˈmeɪzɪŋ] 놀라운 mind [maɪnd] 마음, 정신
understanding [ˌʌndərˈstændɪŋ] 이해심이 있는 kind [kaɪnd] 친절한

2:42 everything [ˈɛvriθɪŋ] 모든 것 'cause [kɔːz] ~때문에 (=because)

198 위 The Water Is Wide / **Karla Bonoff**

4:57
★★★
더 워터 이즈 와이드 / 칼라 보노프

가사/듣기

작곡 스코틀랜드 민속음악 **노래** 칼라 보노프 **국적** 미국 **발표** 1999 **장르** 포크, 컨트리

0:11 wide [waɪd] 넓은 cross over [krɒs ˈoʊvər] 넘어가다

0:24 neither [ˈnaɪðər] 둘 중 어느 것도 ~ 아니다 wings [wɪŋz] 날개들

0:37 boat [boʊt] 배 carry [ˈkæri] 운반하다 row [roʊ] 노를 젓다

1:04 gentle [ˈdʒentl̩] 부드러운 kind [kaɪnd] 친절한

1:17 sweetest [ˈswiːtɪst] 가장 달콤한 flower [ˈflaʊər] 꽃

1:30 wax [wæks] 점점 ~해지다 fade [feɪd] 사라지다 dew [duː] 이슬

2:56 sail [seɪl] 항해하다 loaded [ˈloʊdɪd] 실은

3:37 sink [sɪŋk] 가라앉다 swim [swɪm] 수영하다

199 위 That's Why (You Go Away)

4:12
★★★

/ **Michael Learns to Rock**

가사/듣기

댓츠 와이 (유 고 어웨이) / 마이클 런스 투 락

작곡 아샤 리히터 **노래** 마이클 런스 투 락 **국적** 덴마크 **발표** 1995 **장르** 소프트 록

0:13   sadness ['sædnəs] 슬픔

0:25   illusion [ɪ'luːʒn] 환상   forget [fər'ɡet] 잊다   something ['sʌmθɪŋ] 어떤 것

0:40   set up [set ʌp] 설치하다   stop [stɑːp] 멈추다   feeling ['fiːlɪŋ] 느끼는 (것)   lost [lɔːst] 분실된

1:14   kissing ['kɪsɪŋ] 키스하는 (것)   strong [strɔːŋ] 강한   lasting ['læstɪŋ] 지속하는 (것)

1:27   missing ['mɪsɪŋ] 없어진

1:40   satisfied ['sætɪsfaɪd] 만족한   matter ['mætər] 문제   tried [traɪd] 시도했다

2:40   sitting ['sɪtɪŋ] 앉아 있는   alone [ə'loʊn] 혼자   middle ['mɪdl] 중간
nowhere ['noʊwer] 어디에도 없다   ain't [eɪnt] ~이지 않다   between [bɪ'twiːn] ~사이
anymore [ˌenɪ'mɔːr] 더 이상

200 위 Long Goodbyes / **Camel**

5:15
★★★

가사/듣기

롱 굿바이즈 / 카멜

작곡/노래 카멜 **국적** 영국 **발표** 1984 **장르** 프로그레시브 록

0:41   lake [leɪk] 호수   breeze [briːz] 산들바람   carry ['kæri] 운반하다   balloon [bə'luːn] 풍선

0:51   once [wʌns] 한번   grove [ɡroʊv] 숲

1:01   recall [rɪ'kɔːl] 회상하다   goodbyes [ɡʊd'baɪz] 작별 인사들

1:20   leave [liːv] 떠나다   better ['betər] 더 좋은

1:47   forgive [fər'ɡɪv] 용서하다   miss [mɪs] 그리워하다   spent [spent] 보냈다 (spend의 과거형)

2:13   moon [muːn] 달   rise [raɪz] 떠오르다   sigh [saɪ] 한숨을 쉬다   smile [smaɪl] 미소

2:24   park [pɑːrk] 공원   late [leɪt] 늦다   after all ['æftər ɔːl] 결국   stare [steər] 응시하다
wall [wɔːl] 벽

Que Será , Será / Doris Day

작곡 제이 리빙스턴, 레이 에반스 **노래** 도리스 데이 **국적** 미국 **발표** 1956 **장르** 팝

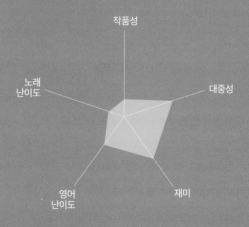

퀘 세라 세라 / **도리스 데이**

Que Sera, Sera

Hits of
Doris Day

25 tracks include:
Qhe Sera, Sera
(Whatever Will Be, Will Be)
Secret Love; Bewitched
The Black Hills Of Dakota
Just Blew In From The Windy City
With A Song In My Heart
The Deadwood Stage
My Dreams Are Getting
Better All The Time

alto
Take:2

0:07 When I _____ just a little girl,
웨나 저ㅅ터 리를 걸

I asked▸ my mother,
아이 애ㅅㅋ 마이 머덜

"What will I be?".
왈 윌 아이 비

"Will I be _____?"
윌 아이 비

"Will I be rich?"
윌 아이 비 리취

Here's what she _____ to me.
히얼ㅈ 왙취 투 미

0:24 Que será, será▸▸
퀘이 쎄라 쎄라

Whatever will be, will be.
와레벌 윌 비 윌 비

The _____ not ours to see.
더 낟 아월ㅈ 투 씨

Que será, será
케이 쎄라 쎄라

What will be, will be.
왈 윌 비 윌 비

무엇이든 되기로 된 대로 될 거야

내가 단지 어린 소녀였을was 때,
워즈

나는 나의 어머니께 물었어,

▶ asked에서 d를 생략
하고 발음했다.

"제가 어떤 사람이 될까요?"

"제가 예쁠까요pretty?"
프뤼리

"제가 부자일까요?"

여기 그녀가 나에게 말해준said 게 있어.
쌛

케 세라, 세라, (스페인어)

▶ Que será será(스
페인어)가 영어로
whatever will be, will
be이다.

무엇이든 될 거야, 그것이 되기로 된 대로.

미래는future's 우리가 볼 수 있는게 아니니까.
퓨철즈

무엇이든 될 거야,

그것이 되기로 된 대로.

0:44 When I grew up and fell in love,
웨나이 ㄱ루 엎 앤 페린 럽

I asked my sweetheart,
아이 애슥 마이 ㅅ윁할ㅌ

"what lies _____?".
왈 라이

"Will we have rainbows
윌 위 햅 레인보우ㅈ

day after day?"
데이 애ㅍ털 데이

_____ what my sweetheart said.
왈 마이 ㅅ윁핥 쌘

1:00 ▶

1:20 Now I have children of my _____.
나우 아이 햅 췰드런 업 마이

They ask _____ mother,
데이 애ㅅㅋ 머덜

"What will I be?"
왈 윌 아이 비

"Will I be _____?"
윌 아이 비

"Will I be rich?"
윌 아이 비 리취

I tell them tenderly.
아이 텔 뎀 텐덜리

1:37 ▶

내가 자라서 사랑에 빠졌지,

나는 내 자기에게 물었어,

"무엇이 앞에ahead 놓여 있을까요?"라고.
　　　　저헤드

"우리가 무지개(희망)들을 가질까요

매일매일?"

여기Here's 자기가 나에게 말해준 게 있어.
　히얼ㅈ

이제 나는 나의own 아이들을 가져.
　　　　　오운

그들은 그들의their 어머니인 나에게 물어,
　　　　　　데얼

"제가 어떤 사람이 될까요?"

"제가 잘생겼을까요handsome?"
　　　　　　　핸썸

"제가 부자일까요?"

나는 그들에게 다정하게 말하지.

▶ 이전에는 과거시제,
　여기서는 현재시제로
　바꿔서 시간의 흐름을
　나타냈다.

패턴 Will I be pretty.

1,860,000회

do를 문장 앞에 쓰면 묻는 문장이 된 것처럼, will이나 can 등 모든 조동사를 문장 앞에 쓰면 묻는 문장이 된다. I will be pretty가 '나는 예쁠 것이다'라면, Will I be pretty는 '나는 예쁠까요?'가된다. will을 포함한 모든 조동사 뒤에는 동사의 원래 형태를 써야하는데, will이 없을 때의 문장은 Am I pretty였기에 am이 be로 바뀐 것이다.

---

1 우리가 무지개들을 가질까요?
힌트 rainbow 발췌 Que Sera Sera

311,000 회

한다	누가	한다	무엇을

2 저는 부자가 될까요?
힌트 rich 발췌 Que Sera Sera

272,000 회

상태모습	누가	상태모습	어떤

3 당신은 제게 추억을 연주해줄 수 있나요?
힌트 memory 발췌 Piano Man

493,000 회

한다	누가	한다	누구에게	무엇을	무엇을

정답 ① Will we have rainbows? ② Will I be rich? ③ Can you play me a memory?

Use CMA bank account! CMA계좌를 이용해.
It will give you 1% more interest. 그것은 1% 더 많은 이자를 줄 거야.

Will I be rich? 나는 부자가 될까?

내가 성공적이 될까?

Will I be successful?
5,240,000 회

내가 혼자가 될까?

Will I be alone?
1,330,000 회

내가 괜찮을까?

Will I be okay?
1,820,000 회

Bonus Track
2

You And Me Song / The Wannadies

작곡/노래 더 워너다이즈 **국적** 스웨덴 **발표** 1994 **장르** 얼터너티브 락

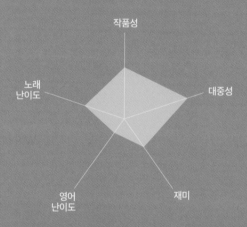

유 앤 미 송 / 더 워너다이즈

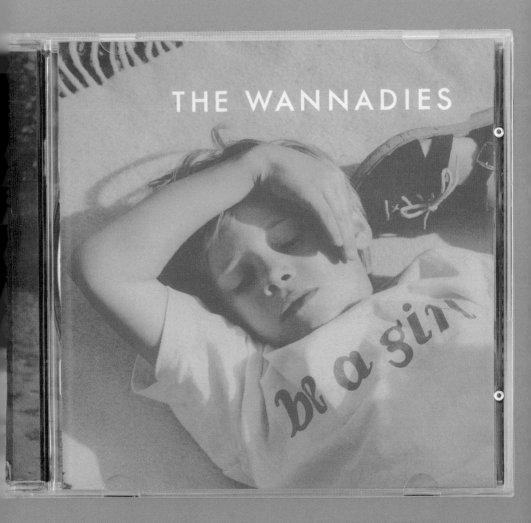

THE WANNADIES

0:03 Always we fight,
어웨이즈 위 파일

I try to make you laugh
아 트라이 투 메이큐 라앞

until everything's forgotten.
(언)틸 에브뤼띵ㅈ 포같튼

I know you hate .
아 노우 유 헤잍

0:18 ba, ba la la, ba ba ba ba
빠 빠 라 라 빠 빠 빠 빠

ba, ba la la, ba ba ba ba
빠 빠 라 라 빠 빠 빠 빠

0:25 Always when we fight,
어웨이즈 웬 위 파일

I you once or twice.
아 쓔 원조어 트와이쓰

And everything's forgotten.
앤 에브뤼띵ㅈ 포같튼

I know you hate that.
아 노우 유 헤잍 땥

너와 나라는 노래

우리가 싸울 때면when 항상,
_웬

난 널 웃게 만들려고 노력해

모든 것이 잊혀질 때까지.

나는 네가 저것을 싫어한다that는 것을 알아.
_땥

빠, 빠 라라, 빠빠빠빠빠

빠, 빠 라라, 빠빠빠빠빠

우리가 싸울 때면 항상,

난 너에게 한두 번 키스했지kiss.
_키

그리고 모든 것은 잊혀졌어.

나는 네가 그것을 싫어한다는 것을 알아.

▸ 받침L은 혀의 안쪽 부분이 위로 올라간 상태에서 혀 안쪽에 힘을 주고 소리낸다. (얼웨이즈x, 어웨이즈o)

▸▸ laugh는 영국식 발음은 '라프'에 가깝다.

▸▸▸ forgot에서 강세가 'got'에 있으므로 노래에서도 for이 everything's에 뒤에 바로 붙어서 발음 된다.

0:39 I love you Sunday sun.
알러뷰　　썬데이　썬

The _____ not yet begun.
더　　　　　　　　　날　옐　삐껀

And everything is _____ .
앤　　에브뤼띵　이즈

And it's always
앤딭츠 어웨이즈

0:51 you and me — always — and forever,
유　앤　미　　어웨이즈　　앤　포레버

you and me — always — and forever.
유　앤　미　　어웨이즈　　앤　포레버

ba, ba ba, ba ba.
빠　　빠　빠　　빠　빠

1:09 It was always
잍 워즈 어웨이즈

you and me, always.
유　앤　미　어웨이즈

1:18 You tell me I'm a real _____ ,
유　텔　미　아임 어 리얼

and try to look impressed
(앤) 트라이 투 룩　　임프레쓰드

not _____ convincing.
날　　　　　　　　　　컨빈씽

But you know I love it.
벝쥬　　　노우　　아일러빝

난 일요일의 태양 같은 너를 사랑해.

그 주week's는 아직 시작되지 않았어.
윅쓰

그리고 모든 것은 조용하지quiet.
쿠아이엍

그리고 그것은 항상

너와 나잖아 — 항상 — 그리고 영원히,

너와 나잖아 — 항상 — 그리고 영원히.

빠, 빠빠, 빠빠빠.

그것은 항상

너와 나였어, 항상.

넌 내가 진짜 남자라고man 말하지,
먼

그리고 감명받은 듯하게 보이려고 노력하지

아주very 그럴듯해 보이지는 않아.
베뤼

하지만 넌 내가 그것을 사랑하는 것을 알지.

▶ But you는 중요한 단어가 아니므로(기능어) 약하게 읽어서 know에 강세를 붙여서 음악을 만들었다.

1:32 Then we watch _____ .
덴 위 왙취

until we fall asleep
(언)틸 위 펄 어슬맆

not very exciting.
낱 베리 익싸이팅

1:42 But it's you and
벝 잍츠 유 앤

me, and we'll always be _____ .
미 앤 윌 어웨이즈 비

you and me — always — and forever.
유 앤 미 어웨이즈 앤 포레버

ba, ba ba, ba ba.
빠 빠 빠 빠 빠

It was always
잍 워저웨이즈

2:03 ▶

It was always
잍 워저웨이즈

2:22 ▶

그런 뒤 우리는 텔레비젼을 보지TV
티비

우리가 잠들 때까지

아주 흥미진진하진 않아.

하지만 그것은 너와

나잖아, 그리고 우리는 항상together 함께할 거야.
투게떠

너와 나 — 항상 — 그리고 영원히.

빠, 빠빠, 빠빠.

그것은 항상

그것은 항상

패턴 I love you.

598,000,000회

I love you의 단어 순서(구조)는 영어 문장의 80% 이상을 차지한다. I(주어)-love(동사)-you(목적어)이며, 3형식 구조라고도 한다. 나는 '주어-동사-목적어'를 쉬운 말로 '누가-한다-무엇을'이라고 한다. 보이지는 않지만, I 뒤에는 내'가'가 있고, love 뒤에는 사랑'한다'가 있고, you 뒤에는 너'를'이 있다.

이처럼 영어는 단어의 순서로 의미를 전달한다. '누가-한다-무엇을'까지는 한국말의 조사(~이, ~가, ~을, ~를)를 붙여 쓰지는 않지만, 내용상 조사가 자동으로 붙는다. 그리고 이후에 명사를 더 쓰려면, 조사 역할을 하는 전치사를 꼭 같이 써야 한다.

① 나는 그것이 좋아.

721,000,000회

힌트 like 발췌 Don't stop me now, Ode to my family

_____ 누가   _____ 한다   _____ 무엇을

② 나는 한 완벽한 몸을 원해.

1,670,000회

힌트 perfect body 발췌 Creep

_____ 누가   _____ 한다   _____ 무엇을   _____ 무엇을   _____ 무엇을

③ 나는 너의 손(도움)이 필요해.

1,230,000회

힌트 need 발췌 You Are Not Alone

_____ 누가   _____ 한다   _____ 무엇을   _____ 무엇을

정답 ① I like it. ② I want a perfect body. ③ I need your hand.

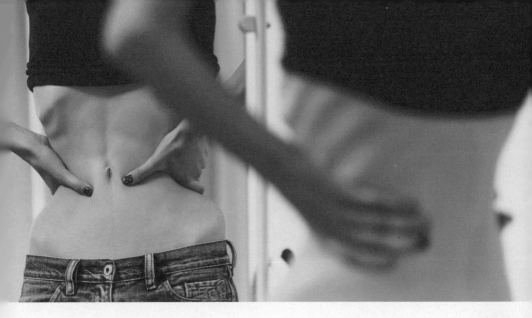

You're so skinny. 너는 많이 말랐구나.
What's the matter? 무슨 일이니?

I'm on a diet. 나는 다이어트 중이야.
I want a perfect body. 나는 완벽한 몸을 원하거든.

나는 너를 원한다.

I want you.
146,000,000회

나는 한 남자 친구를 원한다.

I want a boy friend.
3,710,000회

나는 한 이혼을 원한다.

I want a divorce.
2,390,000회

Ode to My Family / **Cranberries**

작곡/노래 크랜베리스 **국적** 아일랜드 **발표** 1993 **장르** 얼터너티브 락

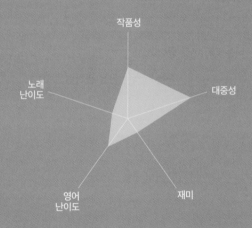

오디 투 마이 패밀리 / **크랜베리스**

3 Ode to My Family

4:41

0:00 Doo, doo doo do, doo, doo doo do **x4**
뚜 뚜루 뚜 뚜 뚜루 뚜

0:34 Understand▸ the things I _____ .
언덜ㅅ탠 더 띵ㅈ 아이

Don't▸▸ turn away from me.
돈 털너웨이 프럼 미

'Cause I spent half my life out there,
커자이 ㅅ펜 핲 마이 라이ㅍ 아울 데얼

you _____ disagree.
유 디써ㄱ리이

0:54 Do you see me, do you see?
두 유 씨 미 두 유 씨

Do you like me,
두 유 라잌 미

do you like me _____ there?
두 유 라잌 미 데얼

Do you notice▸▸▸, do you know?
듀 노테ㅆ 두 유 노우

Do you see me, do you see me?
두 유 씨이 미 두 유 씨이 미

_____ anyone care?
에니원 케얼

내 가족에게 바치는 송가

뚜 뚜루 뚜, 뚜 뚜루 뚜

내가 말하는say 것들을 이해해 봐.
쎄이

나를 외면하지 말고.

나는 저 밖에서 인생의 절반을 보냈기 때문에,

넌 동의 안 하지 않겠지만wouldn't.
우른

> ▶ n과 d, t는 발음하는 곳이 비슷해서 충돌한다. d나 t가 사라지는 경우가 많다. 언덜스탠(ㄷ), 스펜(ㅌ).
> ▶▶ don't에서 t는 느리게 읽는 경우를 제외하고는 주로 발음하지 않는다.

너는 내가 보이니, 내가 보이니?

네가 나를 좋아하니,

거기 서 있는standing 나를 좋아하니?
ㅅ태능

너는 알아챘니, 넌 아니?

너는 내가 보이니, 너는 내가 보이니?

누가 신경 쓰겠어Does?
(더)ㅈ

> ▶▶▶ 미국식 발음은 '노우 리쓰'이고, 영국식 발음은 '노우티쓰'이다.

1:15 Unhappiness,
언해피네쓰

where's when I was _____, and
웨얼ㅈ 웬 아이 워ㅈ 앤

we _____ give a damn
위 기버 댐

'Cause we were _____
커ㅈ 위 월

to see life as a fun and take it if we can.
투 씨 라이패ㅈ 펀 앤 테이낕 이ㅍ 위 캔

My mother, my mother she'd hold me
마이 머덜 마이 머(덜) 쉰 호울 미

She hold me, when I was out there.
쉬 호울 미 웬 아워자웉 데얼

My father, my father, he liked me.
마이 파덜 마이 파덜 히 라익 미

Oh he liked me, does anyone care?
오 히 라익 미 (더)제니원 케얼

2:05 Understand what I've _____.
언덜ㅅ탠 와라입

It wasn't my design.
잍 워즌ㅌ 마이 디자인

And people everywhere _____
앤 피플 에브리웨얼

something _____ than I am.
썸띵 댄 아이 앰

행복하지 않았어,

내가 어렸을young 때 있던 곳은, 그리고
　　　　영

우리는 신경 쓰지 않았지didn't
　　　　　　　　　디른

우리는 길러졌기raised 때문에
　　　　　　　뤠이즐

가능하다면 삶이 재미있다고 여기고 받아들이도록.

나의 어머니, 나의 어머니는 나를 안아주곤 했지.

그녀가 나를 안아줬지, 내가 저 밖에 있을 때.

나의 아버지, 나의 아버지는 나를 좋아했어.

정말 그는 나를 좋아했어, (아니면) 누가 신경 쓰겠어?

▶ Because에서 Be를 줄여서 'Cause로 썼다.

▶▶ a를 발음하지 않았거나 아주 약하게 발음했다. 관사(a/the)는 드물게 생략된다.

▶▶ hold는 '호울드'인데 '드'가 생략돼서 '호울'로 발음됐다. 보통 생략된 만큼 생략되기 바로 전 부분(hold)이 길어진다.

내가 어떤 사람이 됐는지 이해해봐become.
　　　　　　　　　　　　　　비컴

그것은 내 계획이 아니었어.

그리고 모든 곳에서 사람들은 생각하지think
　　　　　　　　　　　　　　　띵(ㅋ)

무언가 나보다 낫다고better.
　　　　　　　　　베럴

2:25 But I miss you, I miss

(버)라　미슈　아이 미ㅆ

'cause I liked it, 'cause I liked it

커자일라익틸　커잘라익틸

when I was out there.

(웬)　아워자울　데얼

do you know ，

두　유　노우

do you know

두　유　노우

you did not find me, you did not find.

유　딛　낱　파인 미　유　디　낱　파인

Does anyone care?

(더)제니원　케얼

2:46

3:24 Does anyone care? **x7**

(더)제니원　케얼

3:45 Doo, doo doo do, doo, doo doo do **x6**

뚜　뚜루　뚜　뚜　뚜루　뚜

하지만 난 네가 그리워, 난 그리워

내가 그것을 좋아했기 때문에, 그랬기 때문에.

내가 저 밖에 있었을 때.

넌 이것을 this 아니 ,
디ㅆ

너는 아니

네가 나를 찾지 못했다는 것을, 못했다는 것을

누가 신경 쓰겠어?

▶ find에서도 n과 d가
충돌해서 d가 사라졌
다. 바로 앞의 did not
에서 did도 d와n이 충
돌해서 d가 사라졌다.

누가 신경 쓰겠어?

뚜 뚜루 뚜, 뚜 뚜루 뚜

패턴 Do you like me?

173,000,000회

문장 앞에 조동사(do, will, can, be)를 쓰면 묻는 문장이 된다. You like me 앞에 do를 써서 물어보는 문장을 만든 것이다. 뜻은 '너는 나를 좋아하니?'이다. 이 경우 한국어에서 물어볼 때처럼 끝을 올려서 읽는다.

---

① 당신은 제가 보이나요?
힌트 see 발췌 Ode to My Family

32,000,000회

_____ ___누가___ ___한다___ ___무엇을___

---

② 당신도 그것을 느끼나요?
힌트 feel 발췌 When Love Takes Over

31,700,000회

_____ ___누가___ ___한다___ ___무엇을___, too.

---

③ 당신은 저를 알아채나요?
힌트 recognize 발췌 Last Christmas

238,000회

_____ ___누가___ ___한다___ ___무엇을___

정답 ① Do you see me? ② Do you feel it, too? ③ Do you recognize me?

The teacher likes you. 그 선생님은 너를 좋아해.

How did you know that? 그걸 어떻게 알았어?
Do you feel **it, too?** 너도 그걸 느껴?

너도 그것을 갖고 있니? | **Do you** have **it, too?** (4)
25,000,000 회

너도 그것을 원하니? | **Do you** want **it, too?** (5)
14,400,000 회

너도 그것을 사랑하니? | **Do you** love **it, too?** (6)
10,300,000 회

Bonus Track
4

9 to 5 (Morning Train) / **Sheena Easton**

작곡/노래 쉬나 이스턴 국적 영국 발표 1980 장르 팝

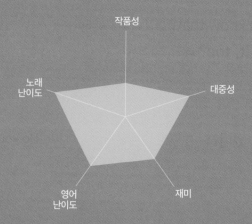

나인 투 파이브 (모닝 트레인) / **쉬나 이스턴**

4 9 to 5 (Morning Train)

3:22

0:18

I wake up _____ mornin'.
아 **웨**이컵 모닌

I stumble out of bed▸▸
아 ㅅ**텀**블 아우러벹

stretchin' and yawnin', another day ahead.
ㅅㅌ레치낸ㄷ 여닌 어너더데이 어헫

It seems to last _____,
잍 씸ㅈ 두 라쓸

and time goes slowly by
앤 타임 고ㅈ 슬로울리 바이

till babe and me's _____,
틸 베이번 미ㅈ

then it starts to fly
데닡 ㅅ**타**ㅊ 투 플라이

0:34

'cause the moment that he's with me,
커ㅈ 더 모먼 댙 히ㅈ 윋 미

time can take a _____.
타임 캔 테이커

The moment that he's with me,
더 모먼 댙 히ㅈ 윋 미

everything's alright
에ㅂ리**띵절롸**잍

Night time is the right time, we make love.
나잍 타이미ㅈ 더 **롸**이타임 위 메익 럽

Then it's his and my time, we take off.
덴 잍ㅊ 히잰 마이 타임 위 테이컵

9시부터 5시까지 (아침 열차)

저는 매일every 아침 일어나요.
에브리

저는 비틀거리며 침대 밖으로 나가지요

몸을 쭉 뻗고 하품하면서, 또 다른 날이 앞에 있어요.

그것은 영원히forever 지속될 것처럼 생각돼요,
포레버

그리고 시간은 느리게 흘러요

자기와 내가 함께together 할 때까지는요,
투게더

함께한 뒤에는 그 시간은 날아가기 시작해요.

그가 나와 함께한 순간,

시간은 비행기를flight 탈 수 있으니까요.
플라잍

그가 나와 함께한 순간,

모든 것은 좋아요.

저녁은 우리가 사랑하기에 알맞은 시간이에요.

그런 뒤 그것은 그와 내가 이륙할 시간이에요.

▶ morning에서 g를 줄여서 mornin'으로 썼다.
▶▶ of bed에서 f와 b가 충돌해서 f를 빼고 소리 냈다.

0:52 ▶

My   takes the morning train,
마 —————————— 테잌쓰 더 모닝 트뤠인

he works from nine till five, and then
히 웕쓰 프럼 나인 틸 파이븐 덴

He takes   home again
히 테잌 ————————— 호우머갠

to find me waitin' for him.
투 파인 미 웨이링 포 힘

1:08 ▶

1:23 He takes me to a movie,
히 테잌쓰 미 투 어 무비

or to a   , to go
오 투 어 ————————— 투 고우

slow dancing, anything I want.
슬로우 댄씽 애니띵 아 원

Only when he's with me, I catch light.
온리 웬 히즈 윋 미 아이 캐취 라잍

Only when he   me,
온리 웬 히 ————————— 미

makes me feel alright.
메잌쓰 미 필 얼랕

1:42 ▶

내 자기baby는 아침 열차를 타요,
베이비

그는 9시부터 5시까지 일한 뒤에

다시 집으로 가는 또 다른another 기차를 타요
써나더

그를 기다리는 저를 찾기 위해서요.

그는 저를 영화보는데 데려가요,

아니면 식당에요restaurant,
레스터렁

느린 춤을 추러, 제가 원하는 어떤 것이든 하러 가요.

그와 함께 있을 때만, 저는 빛나지요.

그가 저에게 (그런 것들을) 줄gives 때만,
기브즈

제 기분이 괜찮게 느껴지게 해요.

▶ anything과 I사이에 that을 생략했다. 그리고 want에서 t를 소리내지 않았다.

1:58 All day I think _____ him,
얼 떼이 아 띵 _____ 힘

dreamin' of him constantly.
ㄷ뤼민넢 힘 컨ㅆ턴틀리

I'm crazy mad for him,
암 ㅋ레이지 맨 포 힘

and he's crazy mad for me. (crazy mad for me)
앤 히ㅈ ㅋ레이지 맨 폴 미

2:13 When he steps off that _____ ,
웬 히 ㅅ텦썲 댙 _____

I'm makin' a fool, a _____ .
아메이키너 풀 어 _____

Work all day to earn his pay,
월컬 데이 투 얼언 히ㅈ 페이

so we can play _____ night
쏘 위 캔 플레이 _____ 나아핱

2:31 ▶

2:47 He's always on that morning train.
히 절웨이존 댙 모닝 트레인

He works so _____
히 웕쏘 _____

to find me waiting for him.
투 파인 미 웨이링 포 힘

하루종일 그를 생각해요of,
컾

계속해서 그를 꿈꾸면서요.

저는 완전히 미칠 정도로 그를 좋아해요,

그리고 그는 저를 미칠 정도로 좋아하고요.

그가 저 기차에서train 내릴 때,
트뤠인

저는 바보짓을 해요, 싸움이지요fight.
파잍ㅌ

하루종일 일해서 그의 돈을 벌고,

그래서 우리는 밤새all 놀 수 있어요.
얼

그는 항상 저 아침 기차에 있어요.

그는 아주 열심히hard 일해요
할ㄷ

그를 기다리는 저를 찾기 위해서요.

패턴 He takes me to a movie.

be동사에서 I(나)는 am을 썼지만 he(그)는 is를 써서 구별한 것처럼, 일반동사에서도 I(나)는 take를 쓰지만, he(그)는 takes를 쓴다. 이처럼 3인칭 단수(he/she/it)가 현재하는 행동에는 동사에 -s를 붙인다.

그 이유는 영어는 시각적인 언어이므로, 동사 뒤에 s를 붙여서 내가 영화볼 수 있게 데려가는 (take) 사람이 3인칭 단수(he)임을 더 구체적으로 그리게 한다. 또한 (원칙은) 주어를 항상 써야하는 영어에서, 주어로 (관계)대명사를 많이 쓰는데, 동사에 -s를 붙이는 것이 나오면 주어 (who/which/that)가 누구를 가리키는지 명확히 전달할 수 있게 해준다.

① 그러고 나서 그녀는 나에게 묻지, "저 괜찮아 보이나요?"라고.
힌트 ask 발췌 Wonderful Tonight

And then ____누가____ ____한다____ ____무엇을____ , "Do I look all right?".

② 그것은 한 남자가 무식과 웃음에 고통 받는 것을 갖게 하지.
힌트 take 발췌 Englishman in New York

____누가____ ____한다____ ____무엇을____ ____무엇을____
to suffer ignorance and smile.

③ 그녀는 내가 침대에 (가도록) 돕지.
힌트 help 발췌 Wonderful Tonight

____누가____ ____한다____ ____무엇을____ to bed.

정답 ① And then she asks me, "Do I look all right?". ② It takes a man to suffer ignorance and smile.

How was your class? 수업 어땠어?

It was fun like always. 언제나처럼 재미있었지.
But there's a girl. 하지만 여자애가 있어.
She asks me something difficult. 그녀는 나에게 어려운 질문을 해.

그녀는 나에게 질문들을 물어.　　　　　　　She asks me questions.
113,000 회

그녀는 내가 그 거미를 죽이라고 요구해.　　She asks me to kill the spider.
75,500 회

그녀는 돈을 위해(달라고) 나에게 요구해.　　She asks me for money.
66,400 회

③ She helps me to bed.　　**더 알아보기** 아빠표 구구단 10단 | 생활영어 회화천사 전치사/접속사/의문문 57단원　　299

가수로 찾아보기 1

마이클리시 수준별 책 소개

수준 | **입문** 영어를 읽기 어려운 수준 | **초급** 초등학생 ~ 중학생 수준

말하기 · 쓰기

아빠표 영어 구구단
영상 강의 포함

8시간에 끝내는
기초영어 미드천사
<왕초보 패턴>
음성 강의 포함

8시간에 끝내는
기초영어 미드천사
<기초회화 패턴>
음성 강의 포함

유레카 팝송
영어회화 200
영상 강의 포함

8문장으로 끝내는
유럽여행 영어회화
음성 강의 포함

단단 기초
영어공부 혼자하기
영상 강의 포함

6시간에 끝내는
생활영어 회화천사
<5형식/준동사>
음성 강의 포함

6시간에 끝내는
생활영어 회화천사
<전치사/접속사/
조동사/의문문>
음성 강의 포함

읽기

TOP10 영어공부
음성 강의 포함

2시간에 끝내는
한글영어 발음천사
영상 강의 포함
음성 강의 포함

2024년
출간예정

원서 시리즈2

중학영어 독해비급
영상 강의 포함

챗GPT 영어명언
필사 200

스스로 끝까지 볼 수 있는 **기존에 없던 최고의 책**만을 만듭니다.
수준에 맞는 책을 선택하시면 절대 후회하지 않으실 것입니다.
자세한 책 소개는 〈영어 공부법 MBTI (1000원)〉를 참고하세요.

중급 중학생 ~ 고등학생 수준　　　**고급** 대학생 ~ 영어 전공자 수준

4시간에 끝내는
영화영작
〈기본패턴〉

4시간에 끝내는
영화영작
〈응용패턴〉

4시간에 끝내는
영화영작
〈완성패턴〉

모든 책에 책의 본문 전체를 읽어주는
'원어민MP3'를 담았기에,
말하기/듣기 훈련이 가능합니다.
대부분의 책에 '무료음성강의'나
'무료 영상 강의'를 포함하기에,
혼자서도 익힐 수 있습니다.
한 번에 여러 권을 사지 마시고,
한 권을 반복해서 2번~5번 익힌 뒤에,
다음 책을 사는 것을 추천합니다.

영어명언
만년 다이어리

이상한 나라의 앨리스
영화 영어공부
공부법 영상 강의 포함

30분에 끝내는
영어 필기체

TOP10 연설문
음성강의 포함

2024년
출간예정

원서 시리즈1

고등영어
독해비급
2024년
출간예정

수능영어
독해비급

잠언 영어성경

토익파트7
독해비급
2025년
출간예정

TOP10
영한대역 단편소설

고등영어
독해비급

수능영어
독해비급

토익파트7
독해비급

유레카 팝송 영어회화 200

1판 1쇄	2023년 12월 14일
1판 2쇄	2024년 2월 29일
지은이	Mike Hwang
발행처	Miklish
전화	010-4718-1329
홈페이지	miklish.com
e-mail	iminia@naver.com
ISBN	979-11-87158-48-6

제 인생의 모든 것을 계획하고 이끌어 주시는 여호와 하나님께 감사합니다.

내가 마음을 다하여 이 모든 일을 궁구하며 살펴 본즉 의인과 지혜자나 그들의 행하는 일이나 다 하나님의 손에 있으니 사랑을 받을는지 미움을 받을는지 사람이 알지 못하는 것은 모두 그 미래 임이니라. (전도서 9:1)

책 작업을 가장 많이 도와준 챗GPT와 챗GPT 개발자들께 감사합니다.

본문의 단어와 문장을 녹음해 주신 Daniel Neiman께 감사합니다.

영어와 디자인을 가르쳐 주신 선생님들(강수정, 권순택, 김경환, 김태형, 문영미, 박태헌, 안광욱, 안지미)께 감사합니다.

책을 제작해주신 재영 P&B 윤상영 대표께, 한서지업 황상모 전무께 감사합니다.

책을 보관/배송해 주시는 런닝북 윤한식(01052409885) 대표께 감사합니다.

저희 아이들을 돌봐주신 학교/학원/어린이집 선생님들께 감사합니다.

이 책을 소개·판매해 주시는 교보문고(주혜경, 천은정), 랜스토어(김선희), 리디북스, 북센(송희수), 북채널(김동규), 북파트(홍정일), 세원출판유통(강석도), 알라딘(김채희), 영풍문고(박세정, 박지혜, 이용일, 임두근), 인터파크(송헌주), 한성서적(문재강), YES24(원소영, 이재은), 오프라인의 모든 MD분들께 감사합니다.

판매에 도움을 주시는 유튜브 관계자분들, 네이버 카페, 블로그, 사전 관계자분들, 블로거분들, 잡지사/신문사 관계자분들, 팟빵 관계자분들께 감사합니다.

꾸준히 마이클리시 책을 구매해주시고, 응원해 주시는 독자분들께 진심으로 감사합니다. 즐겁게 영어 공부하실 수 있도록 열심히 집필하고 무료 강의 올리겠습니다.

궁금하신 점은 010-4718-1329, iminia@naver.com 으로 연락 주세요.

유레카 팝송 핵심 강의

① 유레카 팝송 소개
0:38 Mike Hwang 소개 / 1:09 기존 영어회화 책의 문제
2:20 영어 잘하는 방법 / 3:19 초졸 래퍼의 좋은 영어발음
3:57 유레카 팝송 200 소개 / 5:25 책의 구성, 익히는 법

② 유레카 팝송 활용법
0:18 문패직직 소개 / 1:07 책의 구성, 공부법, QR코드 활용
2:42 본문 구성 / 3:30 본문 활용법
4:13 문법패턴, 문장패턴

③ 영어의 강세 위치: 내용어 vs 기능어
0:20 내용어와 기능어
6:48 모음 '이'와 '이:'

④ 영어 발음의 생략 위치 아는 법
0:26 영어발음의 생략
3:03 일반동사vs비동사

⑤ 영어 발음의 연음
0:13 연음 (발음 포인트) / 3:22 콤마 사용 법 (문법 포인트)
6:05 문법패턴 영작 / 8:07 문장패턴 (생활 영어 회화)

⑥ 싸이의 챔피언으로 익히는 라임 원리
0:00 영어 라임
3:22 완료시제